Kristof Halasz

111 Orte in Vorarlberg, die man gesehen haben muss

111

emons:

Bibliografische Information der Deutschen Nationalbibliothek
Die Deutsche Nationalbibliothek verzeichnet diese Publikation in der Deutschen Nationalbibliografie; detaillierte bibliografische Daten sind im Internet über http://dnb.d-nb.de abrufbar.

MIX
Papier aus verantwortungsvollen Quellen
FSC® C083411
FSC www.fsc.org

Layout: Eva Kraskes, nach einem Konzept
von Lübbeke | Naumann | Thoben
Kartografie: velovia unter Mitwirkung von Kristof Halasz
und Verena Baur, www.velovia.bike
Kartenbasisinformationen aus Openstreetmap,

Druck und Bindung: CPI – Clausen & Bosse, Leck
Printed in Germany 2019
ISBN 978-3-7408-0568-5
Originalausgabe

Vorwort

Voilà: Hier sind 111 einzigartige, spannende und schöne Orte in Vorarlberg, die man gesehen haben muss. Das Buch soll Sie unterhalten, neugierig machen, zum Nachdenken anregen und zum Nachforschen animieren. Es lädt Sie ein, alltägliche Orte aus einem anderen Blickwinkel zu betrachten und an Orten stehen zu bleiben, an denen Sie bisher nur vorbeigefahren sind.

Tanken Sie Ihr Auto an der unter Denkmalschutz stehenden Tankstelle aus den 50er Jahren und lassen Sie es stehen, denn mit dem Fahrrad lässt sich Vorarlberg hervorragend erkunden. Radeln Sie auf der Trasse des ehemaligen Wälderbähnle entlang bis in den hinteren Bregenzerwald, wo ein fast blinder Sozialreformer mit einer Genossenschaft die Bauern aus der Knechtschaft des berüchtigten Käsegrafen befreien wollte. Entdecken Sie dort ein hölzernes Jagdschloss und ziehen Sie sich die Wanderschuhe an. Im Kleinwalsertal sehen Sie die Rache Gottes und in Lech über 1.000 Löcher in der Landschaft. Wenn Sie keine Wanderschuhe haben, dann ist der Bizauer Barfußweg durch das Hochmoor eine Alternative. Auf dem Weg ins Montafon treffen Sie in Mellau einen Schindeler, in Damüls einen glockentragenden Teufel und in Schruns Ernest Hemingway.

Er liebte Vorarlberg, und er liebte Schruns, und hätte es damals in Gaschurn schon die höchste Weinstube Vorarlbergs gegeben, er hätte auch diese geliebt. Hoch hinaus wächst auch der höchste Baum Österreichs in Dornbirn. Der wahrscheinlich älteste übrigens in Feldkirch. Das Rheintal ist nun einmal voller Besonderheiten und Skurrilitäten. In Hohenems fand man die Handschriften des Nibelungenliedes, in Kennelbach erfand man die erste elektrische Küche der Welt, und in Muntlix verschönerte Hundertwasser eine hässliche Fabrik. Aber wer brachte den Fußball nach Österreich? Wo ist der Blaue Platz? Und wer verknotete ein Geländer?

Viel Spaß beim Schmökern und Entdecken!

Kristof Halasz

111 Orte

1___ Der Islamische Friedhof | Altach
Die letzte Ruhestätte als kultureller Brückenschlag | 10

2___ kulturverein bahnhof | Andelsbuch
Vo Mello bis ge Schoppernou | 12

3___ Werkraum Bregenzerwald | Andelsbuch
»Schaffa, schaffa, Hüsle baua« im 21. Jahrhundert | 14

4___ Die Bezegg-Sul | Andelsbuch-Bezegg
Ein Pfeiler der Wälderrepublik | 16

5___ Die Ehrentafel | Au
Wegweisende Barockbaumeister der Auer Zunft | 18

6___ Das historische Bergwerk | Bartholomäberg
Auf der Suche nach Erz und Silber | 20

7___ Alpenkäse Bregenzerwald | Bezau
Die Genossenschaft des guten Käses | 22

8___ Das Dorfensemble | Bildstein
Das Ortsbild unter besonderem Schutz | 24

9___ Der Barfußweg | Bizau
Ein intensives Moorerlebnis | 26

10___ Der Gebhard-Wölfle-Saal | Bizau
»Meor ehrod das Ault, und grüssod das Nü, und blibod üs sealb und dor Hoamat trü« | 28

11___ Das Kriegerdenkmal | Bludenz
Wo der Besucher den Weg des Soldaten geht | 30

12___ Die Fresken | Bludesch
Die Sensation in der ältesten Kirche Vorarlbergs | 32

13___ Die nicht vorhandenen Grenzen | Bodensee
Grenzenlose Partnerschaft | 34

14___ Die Ernst-Volkmann-Stele | Bregenz
»Nicht für Hitler« | 36

15___ Der Fischersteg | Bregenz
Damit die Kleider am Leib bleiben | 38

16___ Der Gallenstein | Bregenz
Die einst wichtigste Pilgerstätte der Region | 40

17___ Das Geburtshaus des Autors | Bregenz
Ein Spaziergang durch den Ölrain | 42

18___ Der Heurigen Möth | Bregenz
Wiener Weinkultur trifft auf Bregenzer Weinbautradition | 44

19 Der Knoten am Geländer | Bregenz
Ein »Knopf« für die Erinnerung an die Gulaschbrücke | 46

20 Der Martinsturm | Bregenz
Ich geh mit meiner Laterne | 48

21 Der Milchpilz | Bregenz
Das eigentliche Wahrzeichen der Landeshauptstadt | 50

22 Das Molo | Bregenz
Der Wellenbrecher | 52

23 Der mumifizierte Hai | Bregenz
Liebe Grüße vom Stadtoriginal | 54

24 Der Oberstadtspielplatz | Bregenz
Unbekümmert im ehemaligen Gefängnisgarten spielen | 56

25 Die Talstation der Pfänderbahn | Bregenz
Zeitlose Funktionalität | 58

26 Das Widerstandsmahnmal | Bregenz
Erinnerung an die Helden der Widersetzlichkeit | 60

27 Die Textilfabrik Lünersee | Bürs
Hier haucht man der Geschichte neues Leben ein | 62

28 Der Paarhof Buacher | Bürserberg
Eine wortwörtlich bewegte Geschichte | 64

29 Die Steinkreise | Bürserberg-Tschengla
Das postprähistorische Alpen-Stonehenge | 66

30 Das Rokoko-Orgelgehäuse | Dalaas
Ein wohlklingendes Kunstwerk in der Pfarrkirche | 68

31 Das Klostertalmuseum | Dalaas-Wald am Arlberg
Das authentischste Heimatmuseum im Thöny-Hof | 70

32 Der glockentragende Teufel | Damüls
Die Legende eines Walliser Bischofs | 72

33 Die Achfurt | Dornbirn
Eine besondere Flussüberquerung | 74

34 Die Dampfmaschine | Dornbirn
Die letzte ihrer Art | 76

35 Die eklektizistischen Villen | Dornbirn
Wo die Textilfabrikanten wohnten | 78

36 Das Fresko in der Karren-Bergstation | Dornbirn
Ländliche Szenen und ein Stadtpanorama | 80

37 Kunstraum Dornbirn | Dornbirn
Kunst und Natur | 82

38 Die Schaufelschluchtbrücke | Dornbirn
Spektakuläre Schlucht – schlichte Skulptur | 84

39___ Der Riesenmammutbaum | Dornbirn-Gütle
Zu Besuch beim höchsten Baum Österreichs | 86

40___ Das Dünser Älpele | Dünserberg
Jause mit Aussicht | 88

41___ Der Wälderbähnle-Radweg | Egg
Fahr ma no a kläle | 90

42___ Das alte Hallenbad | Feldkirch
Von den Jesuiten zu den Alternativen | 92

43___ Der Betstuhl | Feldkirch
Eine Sonnenuhr zwischen Kirche und Wissenschaft | 94

44___ Das Dankmal | Feldkirch
Das Verbindende vor das Trennende | 96

45___ Das Entenbachgässele | Feldkirch
Wo Waschweiber Wäsche wuschen | 98

46___ Das James-Joyce-Zitat | Feldkirch
Die Odyssee eines Iren | 100

47___ Der Katzenturm | Feldkirch
So klingt die größte Glocke Vorarlbergs | 102

48___ Das Pförtnerhaus | Feldkirch
Vom Turnsaal zum Konzertsaal | 104

49___ Ein Quantum Trost für Bregenz | Feldkirch
Hat sich James Bond verfahren? | 106

50___ Das Schützenscheiben-Museum | Feldkirch
Scheibenweise Geschichte aus vier Jahrhunderten | 108

51___ Das Veduten-Kabinett | Feldkirch
Ein Bild sagt mehr als tausend Worte | 110

52___ Der schweizerische Zoll an der liechtensteinischen Grenze | Feldkirch-Nofels
Zollunion am Dreiländereck | 112

53___ Die »Tausendjährige Eibe« | Feldkirch-Tosters
Der älteste Baum Vorarlbergs ist nicht totzukriegen | 114

54___ Die Wanderwege am Schellenberg | Feldkirch-Tosters
Den Schmugglern auf der Spur | 116

55___ Der Seewaldsee | Fontanella
Der Himmelsteich mit Bergblick | 118

56___ Der Letzehof | Frastanz
Vom Bauernhof zum Buddhismus | 120

57___ Die Schiffswerft | Fußach
Als die Wiener mit Tomaten beworfen wurden | 122

58___ Die Kapelle Maria Schnee | Gaschurn
Eine Legende und ein Leichentuch | 124

59 Vinnova | Gaschurn
Ein Refugium des Genusses | 126

60 Der Silvrettasee-Rundweg | Gaschurn-Partenen
Spaziergang im Höhenrausch | 128

61 Die JET-Tankstelle | Götzis
Mit dem Auto in die 50er Jahre | 130

62 Das Wasserhaus | Götzis-St. Arbogast
Dem Wasser einen Raum zur Wertschätzung geben | 132

63 Der Flugplatztower | Hohenems
Der Ländle-»Airport« | 134

64 Der Palast | Hohenems
Die Wiederentdeckung des Nibelungenliedes | 136

65 Der Salomon-Sulzer-Saal | Hohenems
Die ehemalige Synagoge | 138

66 Die Schubertiade-Museen | Hohenems
Sieben exklusive Museen zu Schubert und Hohenems | 140

67 Der Musiksaal der Villa Grünau | Kennelbach
Der Prunksaal eines Elektropioniers | 142

68 Das Denkmal … | Klösterle-Langen am Arlberg
… für die beim Bau des Arlbergtunnels verstorbenen Arbeiter | 144

69 BUS:STOP | Krumbach
Sieben sehr spezielle Buswartehüsle | 146

70 Die Kapelle Salgenreute | Krumbach
Das Werk einer starken Gemeinschaft | 148

71 Der ehemalige Gasthof Adler | Langenegg
Vorbildliche Renovierung mit besonderen Fenstern | 150

72 Der Sender | Lauterach
Große Antenne – große Verantwortung | 152

73 Die Gipslöcher | Lech-Oberlech
Durchsiebtes Wanderparadies | 154

74 Die Negrellibrücke | Lingenau
Versteckte Ingenieurskunst | 156

75 Das alte Schulhüsle | Lochau
Überraschend barockes Fachwerk | 158

76 Die Ölmühle Sailer | Lochau
Flüssiges Gold | 160

77 Der Blaue Platz | Lustenau
Moskau hat einen roten, Lustenau einen blauen | 162

78 Das Rheinbähnle | Lustenau
Die fleißigsten Mitarbeiter der Rheinregulierung | 164

79___ Die Straßenbahnremise | Lustenau
Relikt der ersten und letzten Straßenbahn im Land | 166

80___ Die Kanisfluh | Mellau
Das sagenumwobene Wahrzeichen des Bregenzerwaldes | 168

81___ Der Schindeler | Mellau
Ich und mein Holz | 170

82___ Der Ausrufstein | Mittelberg (Kleinwalsertal)
Hört, hört! | 172

83___ Der Hoflaada | Mittelberg (Kleinwalsertal)
Köstlichkeiten einer Walser Bäuerin | 174

84___ Das Sühnekreuz | Mittelberg (Kleinwalsertal)
Damit der Ermordete in Frieden ruhen kann | 176

85___ Der Gottesacker | Mittelberg-Hirschegg (Kleinwalsertal)
Die Rache Gottes | 178

86___ Die Schwefelquelle | Mittelberg-Hirschegg (Kleinwalsertal)
Stinkendes Heilwasser | 180

87___ Der Nenzinger Himmel | Nenzing
Bullerbü in den Hochalpen | 182

88___ Die Holzkassettendecke in der Beschlinger Kirche | Nenzing-Beschling
Barockes Sponsoring | 184

89___ Der Immenhof | Nenzing-Beschling
Das Bienenmuseum | 186

90___ Die Römervilla | Rankweil-Brederis
Ein nobles Bauernhaus als Freilichtmuseum | 188

91___ Die Frödisch-Schlucht | Röthis
Ein unberührtes Paradies | 190

92___ Der ehemalige Gasthof Adler | Schnepfau
Das Stammhaus des Käsegrafen | 192

93___ Der Regina-Lampert-Platz | Schnifis
Eine Schwabengängerin erinnert sich | 194

94___ Das Geburtshaus von Franz Michael Felder | Schoppernau
Bauer, Poet und Reformer | 196

95___ Die Villa Maund | Schoppernau-Hinterhopfreben
Das hölzerne Jagdschloss | 198

96___ Das Hemingway-Denkmal | Schruns
Die wilden Jahre des Nobelpreisträgers | 200

97___ Der Angelika-Kauffmann-Saal | Schwarzenberg
Perfekte Akustik | 202

98___ Die Freilichtbühne | Silbertal
Fantastische Sagengeschichten | 204

99 Das biosphärenpark.haus | Sonntag
Verbunden mit der Natur | 206

100 Der Maisäß Montiel | St. Gallenkirch
Wandern auf den Spuren der Dreistufenwirtschaft | 208

101 Der Montafonertisch | St. Gallenkirch-Gortipohl
Praktisch und schön | 210

102 Der ehemalige Ross-Stall der Propstei | St. Gerold
Eine beispielhafte Nachnutzung | 212

103 Die Marienlinde | Sulzberg
»Beende den Krieg und schütze uns mit deinem Kinde« | 214

104 Der Geburtsort von J. K. Blank | Sulzberg-Gullenbach
Der tragische Tod eines beliebten Mathematikers | 216

105 Das Sandrellhaus | Tschagguns
Wohnen wie vor 500 Jahren | 218

106 Das Schanzenzentrum | Tschagguns
Sprung von der Geschichte in die Zukunft | 220

107 Die Douglasshütte | Vandans (via Brandnertal)
Basisstation am Lünersee | 222

108 Das Illwerke Zentrum Montafon | Vandans
Ein Symbol der Energieautonomie | 224

109 Der Doppelmayr-Zoo | Wolfurt
Die Tiersammlung des Seilbahnpioniers | 226

110 Der Mädchenturm | Zwischenwasser-Dafins
Moderne Architektur für drei Burgfräulein | 228

111 Rueff Textil | Zwischenwasser-Muntlix
Hundertwasser in Zwischenwasser | 230

1 Der Islamische Friedhof

Die letzte Ruhestätte als kultureller Brückenschlag

Die Geschichte der Muslime in Österreich reicht lange zurück. Ganz offiziell wurden Angehörige des Islam 1912 Teil der österreichischen Gesellschaft, als die Religionsgemeinschaft durch das Islamgesetz anerkannt wurde. Zu dieser Zeit war das annektierte und mehrheitlich muslimische Bosnien Teil der K.-u.-k.-Monarchie.

Nach dem Bosnienkrieg der 1990er Jahre stieg die Anzahl bosnischer Muslime erneut leicht an. Das Gros der Muslime machen heute aber Nachfahren türkischer Gastarbeiter aus, die hier bereits in zweiter und dritter Generation leben, teilweise die österreichische Staatsbürgerschaft angenommen haben und sich mit Vorarlberg mehr verbunden fühlen als mit der Türkei, sprachlich und kulturell.

Bis 2012 wurden Muslime, die in Vorarlberg wohnten und hier verstarben, in ihre ursprüngliche Heimat zurückgeführt, die für viele aber nicht mehr ihre Heimat war. Aus diesem Grund wurde kurz nach der Jahrtausendwende eine Studie in Auftrag gegeben, die sich mit dem Thema einer Begräbnisstätte für Muslime in Vorarlberg auseinandersetzte. Daraus entstanden ist der erste muslimische Friedhof in Vorarlberg und der zweite in Österreich überhaupt.

Er bietet Platz für insgesamt 700 Einzel- und Doppelgräber, darunter auch Kindergräber sowie Räumlichkeiten für die rituelle Waschung und einen Gebetsraum. Die Architektur ist eine Symbiose islamischer Kultur und Vorarlberger Baukunst. Traditionelle Vorarlberger Holzschindeln bilden im von Azra Akšamija künstlerisch gestalteten Gebetsraum die Wörter Allah und Mohammed in arabischen Schriftzeichen als Symbol der Verbindung zweier Kulturen. Ebenso fügt sich der von Bernardo Bader geplante Bau mit seiner in dezentem Rot gefärbten Sichtbetonfassade in die umliegende Landschaft ein. Die Grabanlage mit der schlichten Bepflanzung erinnert daran, dass sowohl für Christen als auch für Muslime der Friedhof ursprünglich ein Garten war.

Adresse Schottenried 1, 6844 Altach | ÖPNV Bus 23a, 53, Haltestelle Altach Islamischer Friedhof | Anfahrt L 190 zwischen Hohenems und Götzis | Öffnungszeiten 8–21 Uhr | Tipp Nicht einmal einen Kilometer nordwestlich befindet sich der über 400 Jahre alte und immer noch aktiv bestehende Jüdische Friedhof in der Römerstraße 15, 6845 Hohenems.

2 kulturverein bahnhof

Vo Mello bis ge Schoppernou

Nachdem 1983 durch Murenabgänge und Überschwemmungen das Ende des heute in den Köpfen immer noch lebendigen Wälderbähnle besiegelt wurde, dauerte es nicht lange, bis man mit der Abtragung der Gleise begann. Stück für Stück ließ man ein Stück Kultur wegschaffen. Doch kann man eine gesamte Eisenbahnlinie einfach so verschwinden lassen? Was macht man mit der noch vorhandenen und intakten Infrastruktur? Ein Teil konnte als Museumsbahn reaktiviert werden, ein Großteil der Strecke – ohne Schwellen, versteht sich – dient heute als Radweg, und einige Gebäude konnten nachgenutzt werden, wie etwa die Remise in Bregenz, die heute eine soziale Werkstatt für Jugendliche beherbergt.

Für den kleinen, schmucken Bahnhof von Andelsbuch war jedoch ein anderes Schicksal vorgesehen. Die Gemeinde wollte ein neues Dorfzentrum gestalten, und zwar ohne den alten Bahnhof darin zu integrieren. Das wäre sehr schade gewesen, dachten sich 1999 die sieben Gründungsmitglieder vom kulturverein bahnhof und durften vorläufig den Bahnhof nutzen, bis entschieden wurde, was mit ihm geschehen sollte. Im Jahr darauf eröffnete das siebenköpfige Team eine bemerkenswerte Kulturstätte unter dem Motto »Ankommen, Aufenthalt und Begegnung«. Jene ursprünglich nüchtern-funktionale Beschreibung eines Bahnhofes interpretierte die Gruppe neu, um regionalen Kunstschaffenden eine Plattform zu bieten, die in der Mitte des Bregenzerwaldes bis dahin fehlte. Und das nicht nur als Raum, sondern inzwischen auch als Verlag und Plattenlabel.

Die Atmosphäre in den respektvoll renovierten Räumlichkeiten bietet einen einzigartigen Rahmen für Konzerte, Aufführungen, Lesungen mit und ohne Essen und weitere Veranstaltungen aller Art. Er war der Heimatbahnhof des weltbekannten Holstuonarmusigbigbandclub, der 2017 im kulturverein bahnhof seinen Fans aus der Heimat ein exklusives Abschiedskonzert schenkte.

Adresse Hof 347, 6866 Andelsbuch, www.bahnhof.cc | **ÖPNV** Bus 37, 40, Haltestelle Andelsbuch Gemeindeamt | **Anfahrt** L 200 aus allen Richtungen bis zum Dorfzentrum von Andelsbuch | **Öffnungszeiten** nur zu den Veranstaltungen | **Tipp** Sollten Sie im Bahnhof auftreten wollen, können Sie sich auf einen einzigartigen Backstage-Bereich freuen, der in den umgebauten Güterwaggons eingerichtet wurde.

3_ Werkraum Bregenzerwald

»Schaffa, schaffa, Hüsle baua« im 21. Jahrhundert

Vorarlberg, Handwerk, Architektur. Drei Begriffe, die hervorragend im Einklang stehen. Ob die Barockbaumeister der Auer Zunft oder die Neue Vorarlberger Bauschule, Vorarlberg genießt in der internationalen Architekturszene damals wie heute einen hervorragenden Ruf und gilt sogar als Vorreiter der Neuen Alpenarchitektur des 21. Jahrhunderts.

Das mag daran liegen, dass man ab den 1960er Jahren aus der Provinzialität ausbrach, unkonventionelle Wege abseits der in Hochschulen gelehrten Architekturmanifeste ging und eine eigene, schlichte Formsprache entwickelte. Trotzdem blieb man Traditionen treu, wie etwa der Verwendung heimischer Materialien, allen voran Holz. Sowohl bei der Planung als auch beim Bau steht die Zusammenarbeit zwischen den Auftraggebern, die viel Eigeninitiative einbringen, Architekten und Handwerkern im Vordergrund.

Dass die Zusammenarbeit unter den Handwerkern und Berufsgruppen im Bregenzerwald immer noch einen sehr hohen Stellenwert genießt, beweist nicht zuletzt der Werkraum Bregenzerwald. 1999 wurde er als Plattform gegründet, um die einzelnen Mitgliedsbetriebe gemeinsam nach außen zu vertreten und zu präsentieren sowie nach innen zu fördern und zu unterstützen. Viele Mitglieder, meist mittelständische und familiengeführte Betriebe, kommen aus der Holzverarbeitung, aber man findet unter anderem auch je einen Küfer, Seiler, Bootsbauer sowie eine Köchin und eine Filzerin.

Um die Arbeit besser sichtbar zu machen, erhielt der Schweizer Architekt Peter Zumthor, der während des Baus des Bregenzer Kunsthauses bereits Handwerker aus dem Bregenzerwald kennengelernt hatte, den Auftrag, ein »Schaufenster zur Handwerkskultur« zu bauen. Das Ergebnis ist eine riesige Vitrine, die als Ausstellungs- und Versammlungsraum dient. Durch die Glasfassade wurde die Trennung von Innen und Außen aufgehoben und die Landschaft mit dem Werkraum verbunden.

Adresse Hof 800, 6866 Andelsbuch, www.werkraum.at | ÖPNV Bus 37, 40, Haltestelle Andelsbuch Gemeindeamt | Anfahrt L 200 aus allen Richtungen bis zum Dorfzentrum von Andelsbuch | Öffnungszeiten Di–Sa 10–18 Uhr | Tipp Im Bregenzerwälder Käsehaus kann man neben regionalen Köstlichkeiten bis zu 60 unterschiedliche Käsesorten kaufen oder im Restaurant verschiedene Käsespezialitäten probieren. Sonntags kann man beim Käsen zusehen. Hof 144, 6866 Andelsbuch, www.kaesehaus.com, Mo–Sa 9–18 Uhr, So 10–18 Uhr

4 Die Bezegg-Sul

Ein Pfeiler der Wälderrepublik

Im Allgemeinen spricht man davon, dass sich ab etwa 1380 im heutigen mittleren Bregenzerwald eine Bauernrepublik gebildet hat. Es mag sehr fortschrittlich klingen, dass sich genau hier Jahrhunderte vor anderen mitteleuropäischen Gebieten eine moderne Demokratie entwickelt haben soll, aber mit der heutigen Form lässt sie sich nicht ganz vergleichen, wenngleich durchaus Parallelen bestehen.

Durch die Entfernung zum Gericht in Feldkirch, zu dem der innere Bregenzerwald gehörte, bestand eine beachtliche Autonomie. Während sich Alberschwende, Lingenau und Sulzberg nach Bregenz hin orientierten, wurde hier ein eigenes Gericht gebildet.

Die Gesetzgebung und Verwaltung war von nun an weitgehend eigenständig. Landammann und Räte verabschiedeten auch Gesetze, die im Landesbrauch, dem damaligen Pendant zur heutigen Verfassung, aufgenommen wurden. Gewählt wurde der Landammann meist aus den Reihen angesehener Familien. Aber ganz frei waren die Wahlen nicht, geschweige denn geheim. Der Landammann wurde durch Zulauf bestimmt, das heißt, die Kandidaten standen auf einem Platz verteilt, und auf ein Signal hin liefen die Wähler zum Kandidaten ihrer Wahl. Nicht selten endeten solche Wahlen in Prügeleien, oder man versuchte, Wähler gegen deren Willen zu einem anderen Kandidaten zu ziehen.

Das Rathaus stand auf der Passhöhe der Bezegg in der geografischen Mitte des Bregenzerwaldes, auf halbem Weg zwischen Bezau und Andelsbuch. Das hölzerne Gebäude stand auf vier Steinpfeilern und hatte eine Falltür. Betreten und verlassen konnte man es nur mit Hilfe einer Leiter, die während der Sitzungen hochgezogen wurde. Erst wenn sich die Räte geeinigt hatten, wurde die Leiter wieder herabgelassen.

Während der bayerischen Herrschaft wurde 1807 das Rathaus abgerissen, und seit 1871 steht an dessen Stelle die Bezegg-Sul, die an die selbst verwaltete »Wälderrepublik« erinnert.

Adresse Bezegg, 6866 Andelsbuch | **ÖPNV** Bus 37, 40, Haltestelle Andelsbuch Bühel, von dort etwa eine halbstündige Wanderung | **Anfahrt** auf der L 200 zwischen Andelsbuch und Bersbuch zum Sportplatz, von dort aus führt eine steile Schotterstraße zur Bezegg-Sul, auf der man zwar fahren darf, schöner ist aber eine kurze Wanderung | **Tipp** Wandert man weiter bis Bezau, kann man im Gasthof Hirschen sehr gute Kässpätzle essen. Platz 40, 6870 Bezau, Tel. 05514/2382

5 Die Ehrentafel

Wegweisende Barockbaumeister der Auer Zunft

Da der Dreißigjährige Krieg vieles zerstörte, setzte nach seinem Ende eine rege Bautätigkeit ein. Baumeister, Zimmerleute, Maurer, Stuckateure und Steinmetze aus Au, Bezau und Schoppernau waren schon während des Krieges im Ausland gewesen und brachten die gesammelte Erfahrung mit in den Bregenzerwald. In den Wintermonaten, wenn die großen Baustellen stillstanden, trafen sie sich und tauschten sich über die neuesten Entwicklungen aus.

Der Auer Baumeister Michael Beer gründete daraufhin 1651 die Auer Zunft, die zu einer der größten Zünfte des Landes avancierte. Ende des 17. Jahrhunderts gehörten 94 Prozent der Auer und Schoppernauer Männer dieser Zunft an.

Die Zunftordnung regelte den Werdegang der Lehrlinge, die erst nachdem sie während der zweijährigen Gesellenwanderschaft Erfahrung im Ausland gemacht hatten, heiraten und sich niederlassen durften. Außerdem untersagte die Ordnung unlauteren Wettbewerb innerhalb der Zunft, weshalb in jedem Winter die Mannschaften aus den verschiedenen Berufsgruppen zunftintern zusammengestellt wurden, die dann im März auf die Baustellen zogen. Spätestens zum Martiniganslessen am 11. November kehrten die Handwerker zurück nach Au, wo sie wie gewohnt während des Winters ihre Erfahrungen austauschten.

Über 800 zumeist geistliche, aber auch profane Bauten gehen auf das Konto der Auer Zunft. Die Baumeister waren vor allem im alemannischen Sprachraum sehr beliebt und prägten die hiesige Barockarchitektur. Zu ihren Hauptwerken zählen unter anderem die Stiftskirchen in Einsiedeln, Weingarten und St. Gallen sowie die Klosterkirche der Mehrerau in Bregenz, die unter bayerischer Herrschaft abgebrochen wurde und deren Steine man für den Hafenbau in Lindau verwendete.

Auf Barock spezialisiert, konnte die Auer Zunft den Wandel zum Rokoko noch einigermaßen mitmachen, das Aufkommen des Klassizismus besiegelte aber das Aus der Bregenzerwälder Baumeister.

Adresse Kirche St. Leonhard, Jaghausen 1, 6883 Au | **ÖPNV** Bus 40, Haltestelle Au Jaghausen | **Anfahrt** L 200 Ortseingang Au bei der Abzweigung nach Damüls | **Tipp** Ein Blick in die Kirche lohnt sich aufgrund der schönen Stuckarbeiten von 1778.

6 Das historische Bergwerk

Auf der Suche nach Erz und Silber

Seit dem 9. Jahrhundert wurde in dieser Gegend Bergbau betrieben. Vermutlich sogar noch früher, denn man fand Siedlungsspuren aus der Bronzezeit, was darauf schließen lässt, dass hier mit Unterbrechungen rund 5.000 Jahre lang Eisen und Silber abgebaut wurden, weshalb der Ort früher Silberberg hieß. Nach 1648, als der Dreißigjährige Krieg beendet war, lohnte sich der Bergbau hier nicht mehr. Einerseits war der Eisenimport aus Amerika billiger, andererseits die Ausbeute in Bartholomäberg so gering, dass der teure Transport den Gewinn auffraß. Das Eisen wurde damals in Dalaas gehüttet, der Ortsname Danöfen erinnert noch daran. Die letzte montanwirtschaftliche Probebohrung gab es 1969 nach einem Kupferkiesfund. Die irische Bergbaufirma sah dann aber davon ab, halb Bartholomäberg abzutragen.

Ursprünglich wurde Eisenerz nicht unter Tage, sondern von oben in sogenannten Pingen abgebaut. Erst später wurden Stollen gegraben. Von der Kirche bis zum Ortsteil Worms sind etwa 30 solcher Stollen bekannt, die aber verschlossen wurden. Man hatte Angst um darin spielende Kinder.

Ein Stollen aber, benannt nach der heiligen Anna, wurde der Öffentlichkeit zugänglich gemacht. Heute sind 115 von ursprünglich 484 Metern begehbar, wobei die ursprüngliche Länge nur aus einem Schriftstück überliefert ist. Der Bau ist bemerkenswert. Damals dachte man schon daran, die Sohle zum Stollenmund hin leicht abfallen zu lassen, damit das Wasser hinausfließt und das Aushubmaterial leichter zu transportieren ist. Zuerst mit Weidekörben, später mit Rindsledersäcken wurde ab dem 17. Jahrhundert das Eisenerz mit dem Spurnagelhunt, dem Vorläufer der Stollenbahn, hinausbefördert. Ein Originalstück dieser Holzschiene ist am Stollenende noch erhalten.

Hier sind wir übrigens bereits 28 Meter unter Tage. Aber keine Sorge, die heilige Barbara beschützt uns vor einem Grubenunglück.

Adresse Knappagruaba 3, 6780 Bartholomäberg, www.montafon.at/bergwerk | ÖPNV von Schruns Bahnhof mit Bus 84, Haltestelle Bartholomäberg Kirche, von dort eine knappe Stunde zu Fuß (gut ausgeschildert) | Anfahrt L 188 bis St. Anton im Montafon, dann auf L 94 nach Bartholomäberg, Auto im Dorfzentrum stehen lassen und eine knappe Stunde zu Fuß (gut ausgeschildert) | Öffnungszeiten Mitte Juni – Mitte Okt. Mi, Fr, So 13 – 17 Uhr, Führungen für Gruppen ab 4 Personen jederzeit und ganzjährig unter Tel. 0664/8403596 | Tipp Die reichhaltig dekorierte Kirche in Bartholomäberg ist das älteste Gotteshaus im Montafon, und es lohnt sich ein Blick hinein. Gegenüber befindet sich ein kleiner netter Dorfladen.

7 Alpenkäse Bregenzerwald

Die Genossenschaft des guten Käses

Jeden Morgen holen die zwei Milchautos der Genossenschaft die Milch der 222 Landwirte mit ihren insgesamt 2.500 Kühen zwischen Egg und Au ab. Wer den Durchschnitt ausrechnet, stellt schnell fest, dass es sich um viele kleine Bauern handelt, die sich zur Genossenschaft zusammengeschlossen haben. Regionalität ist wichtig, was sich nicht nur in den kurzen Wegen der Milch widerspiegelt, sondern auch im Gebäude, dessen Baustoffe aus der Region stammen. Sogar das Holz für die Holzschnitzelheizung kommt von den Genossen, und somit entsteht ein regionaler Kreislauf.

Im 2013 fertiggestellten Gebäude mit dem markanten Logo in Käselaibform befinden sich ein Käseladen sowie die Verwaltung der Genossenschaft, und bei einem Rundgang kann man sogar einen Blick in die Produktionshalle werfen. Man kommt auch durch einen Raum, wo die Namen aller Genossen an der Wand stehen. Ist eine Milchkanne daneben abgebildet, ist es ein Milchlieferant. Dabei handelt es sich wie im Bregenzerwald üblich ausschließlich um Heumilch ohne Silofutter, die meist in der traditionellen Dreistufenwirtschaft – Heimbetrieb, Vorsäß und Hochalpe – hergestellt wird. Setzt man den Rundgang fort, sieht man auch den Reifekeller mit bis zu 44.000 Laiben Schnittkäse, die von Robotern vollautomatisch gepflegt werden. Der Bergkäse wird im Käsekeller Lingenau gelagert, der ebenfalls einen Besuch lohnt.

Auch auf eine nachhaltige Wirtschaftsweise wird Wert gelegt und völlig auf Gentechnik verzichtet. Man arbeitet mit der Natur und nicht gegen sie. Somit schmeckt der Käse nicht nur dem Gewissen gut, sondern auch dem Gaumen. Zumindest dem geschulten, denn wer nicht aus Vorarlberg kommt, hat anfangs eventuell Schwierigkeiten mit dem hocharomatischen Räßkäse, der zwar ein unverzichtbarer Bestandteil für Kässpätzle ist, aber leider auch Freundschaften mit Nicht-Vorarlbergern gefährden kann, wenn man ihn zu exzessiv einsetzt.

Adresse Ach 596, 6870 Bezau, www.alpenkaese.at | ÖPNV Bus 35, 37 (Schnellbus ab Bahnhof Bregenz), 40, Haltestelle Reuthe Baien, dann über Brücke und erste Möglichkeit rechts | Anfahrt auf der L 200 nach Bezau fahren und in Richtung Zentrum von der Landstraße abfahren, kurz darauf gleich nach der Brücke rechts | Öffnungszeiten Mo–Fr 8–12 und 14–18 Uhr, Sa 8–12 Uhr, Produktion täglich bis 11 Uhr | Tipp Spaziert man zurück in Richtung Brücke, weiter der Ach entlang und folgt dem Weg rechts, erreicht man die Kapelle Arche Noah, die von den Einwohnern in Eigenregie gebaut wurde und wie ein Schiff auf einem kleinen Bach liegt.

8 Das Dorfensemble

Das Ortsbild unter besonderem Schutz

Der Bergrücken, auf dem heute die das gesamte Rheintal überblickende Kirche steht, wurde erst im Mittelalter besiedelt und trug den Namen Steußberg oder einfach nur »Berg«. Im 14. Jahrhundert wurde eine hölzerne Marienstatue in einem Bildstock aufgestellt. Diesen nannte man »ein Bild auf dem Stein«, und so kam Bildstein zu seinem Namen. Und zu Geld, denn die Marienstatue zog Pilger an, die Spenden hinterließen. Mit diesem Geld wurde eine Kapelle aus Holz errichtet. Der Bauer Georg Höfle versprach, die hölzerne Kapelle durch eine steinerne zu ersetzen, sollte er von der Pest verschont werden. Er tat dies aber erst im Jahre 1629, als seine Söhne Martin und Johannes am Waldrand einer weiß gekleideten Lichtgestalt begegneten, die das Versprechen des Bauers einforderte.

Als auch diese Kapelle für die anwachsende Pilgerschar zu klein wurde, begann man mit dem Bau der heutigen Kirche. Das Konzept der frühbarocken Wallfahrtskirche Mariä Heimsuchung stammt vom Bregenzer Baumeister Michael Kuen und zählt trotz seiner Schlichtheit als wichtigster Barockbau Vorarlbergs. 2018 erhielt die Wallfahrtskirche eine besondere Ehrung. Sie wurde zu einer Basilika erhoben und ist somit nach Rankweil die zweite Basilika in Vorarlberg und die 33. in Österreich.

Dass die Kirche unter Denkmalschutz steht, überrascht dabei nicht. Das tut sie jedoch nicht alleine, denn der gesamte Ortskern von Bildstein genießt Ensembleschutz. Neben den zehn öffentlichen und Wohngebäuden, die allesamt mit Holzschindeln verkleidet sind, schützt das Denkmalamt das ganze Ortsbild inklusive der Kirche, der Erscheinungskapelle, des Kriegerdenkmals und des Frauenbrunnens. Denn auch wenn mit Bildstein meist alleine die Barockkirche assoziiert wird, ist das gesamte Dorf-Ensemble mit den historischen Häusern wichtig für die Bildsteiner Identität und soll auch künftigen Generationen erhalten bleiben.

Adresse Dorf, 6858 Bildstein | ÖPNV vom Bahnhof Schwarzach weiter mit Bus 45, Haltestelle Bildstein Dorfplatz | Anfahrt A 14 bei Dornbirn-Nord oder Wolfurt verlassen und nach Wolfurt oder Schwarzach fahren, zwischen diesen beiden Orten zweigt gut ausgeschildert die Bildsteiner Straße ab, dieser bis ins Zentrum folgen. | Tipp Nach Bildstein führen mehrere Pilgerwege, die sich aufgrund der schönen Landschaft auch gut für Profane eignen. Eine übersichtliche Wander- und Pilgerkarte findet man auf der Homepage www.gemeinde-bildstein.at.

9 Der Barfußweg

Ein intensives Moorerlebnis

Sobald man das kleine Bächlein mit dem Namen Ulve erreicht hat, nimmt man nicht die Beine in die Hand, sondern – ganz im Gegenteil – die Schuhe. Auf baren Füßen erlebt man den 600 Meter langen Rundweg durch das Bizauer Moos ganz intensiv. Die ersten Schritte auf dem Schotter sind ungewohnt, vielleicht sogar kurz unangenehm. Wann sind Sie das letzte Mal in Zeiten von Hightech-Sportschuhen mit federnder Sohle barfuß gegangen? Mit den Schuhen soll gleichzeitig auch die Eile abgelegt werden. Nach wenigen Minuten gewöhnt sich der Körper an das intensive Erlebnis, das von der Fußsohle auf den ganzen Körper ausstrahlt. Man geht langsamer, die Körperhaltung verändert sich, und man nimmt die Umwelt viel intensiver wahr, da man sich mit der Erde verbunden fühlt.

Dem Lauf der Ulve folgend lässt man das Dorf hinter sich, das Moormosaik nimmt Gestalt an, und die Ulve beginnt zu mäandern. Dieses Naturjuwel ist das Ergebnis der letzten großen Eiszeit, der Würmzeit, als vor 10.000 Jahren die letzten Eisschilde schmolzen.

Im Bizauer Moos sieht man den Wechsel zwischen Nieder- und Hochmoor und entdeckt eine reiche Flora, die sich an die Bedingungen der Umgebung angepasst hat.

Der Boden ist arm an Mineralsalzen, und so müssen sich die Pflanzen etwas Besonderes einfallen lassen, um zu überleben. So bildeten sich unter anderem fleischfressende Pflanzen aus wie der heimische rundblättrige Sonnentau. Er genießt strengsten Schutz, ebenso wie viele weitere Pflanzen, darunter der Lungenenzian und Orchideenarten wie das Manns-Knabenkraut oder seltene Lilien wie die Sibirische Schwertlilie.

Die Erhaltung der Moorlandschaft ist nicht nur aus ökologischen und klimatischen Gründen wichtig, sondern dank der Touristen, die wegen der Natur kommen, auch aus ökonomischen. Denn die Zeiten der Torfstecher sind – zumindest in Bizau – längst vergangen.

Adresse Brand, 6874 Bizau | ÖPNV Bus 36, Haltestelle Bizau Kirchplatz, von dort 10 Minuten zu Fuß, »Moosrundweg« ausgeschildert | Anfahrt L 200 bis zur Abzweigung Bezau-Ellenbogen, ab da Bizau ausgeschrieben, Parken im Dorfzentrum, weiter wie oben | Tipp Wem das Bizauer Moos zu klein ist, der sollte nach Bad Wurzach ins Ried fahren. Diese und weitere Naturschätze finden Sie im Band »111 Schätze der Natur rund um den Bodensee, die man gesehen haben muss« von Marion Rapp.

10 Der Gebhard-Wölfle-Saal

»Meor ehrod das Ault, und grüssod das Nü,
und blibod üs sealb und dor Hoamat trü«

Wir ehren das Alt', und grüßen das Neu', und bleiben uns selber und der Heimat treu. Dieser Spruch aus der Feder von Gebhard Wölfle steht heute sinnbildlich für den gesamten Bregenzerwald. Sichtbarstes Beispiel hierfür ist die zeitgenössische Architektur, die auf dem Weg nach Bizau ständiger Begleiter ist. Zwischen alten Bregenzerwälderhäusern stechen immer wieder kubistische Gebäude aus Holz hervor, die sich zeitlos in die Landschaft und die Umgebung einfügen.

Zu diesen Bauten zählt der Gebhard-Wölfle-Saal in Bizau. Dieser moderne Mehrzwecksaal eignet sich bestens für Hochzeiten, Konzerte, Versammlungen und sogar für Sportveranstaltungen. Und er ist die Bühne des Theatervereins Bizau.

1864 wurde der Verein als erste Laientheatergruppe Vorarlbergs von Gebhard Wölfle gegründet. 1848, im Jahr der Revolution als einziger Sohn einfacher Bauern geboren, war er schon als Kind wissbegierig und las alles, was er in die Hände bekam. Das war dort zur damaligen Zeit nicht viel, und um an Lesestoff zu kommen, wanderte er stundenlang auf Jahrmärkte, um Kalender zu kaufen. Außerdem war Lesen noch etwas Besonderes, denn wenn man nach der ganztägigen Arbeit überhaupt noch etwas Zeit übrig hatte, wurde im Wirtshaus gejasst.

Bereits in jungen Jahren verfasste der gelernte Schreiner und später einer der ersten Fotografen im Bregenzerwald Gedichte, Theaterstücke und Schwänke in Mundart. Mit seinem Humor und seiner Sprachgewandtheit versuchte er, frohe Stimmung zu verbreiten und Langeweile bei anderen auszutreiben, denn »Langewil hea, das ischt dumm«. Gebhard Wölfle holte nicht nur Unterhaltung, sondern auch literarische Kultur in den Bregenzerwald mit Werken von Schiller, Nestroy und Shakespeare, die jedoch nicht alle Bizauer so feierten wie seine Schwänke.

Adresse Kirchdorf 72, 6874 Bizau | **ÖPNV** Bus 36, Haltestelle Bizau Kirchplatz | **Anfahrt** L 200 bis zur Abzweigung Bezau-Ellenbogen, ab da Bizau ausgeschrieben. Parken im Dorfzentrum | **Öffnungszeiten** während den Veranstaltungen | **Tipp** Das Hotel Schwanen in unmittelbarer Nähe hat eine hervorragende, regional-gehobene Küche mit Speisen nach Hildegard von Bingen.

11 Das Kriegerdenkmal

Wo der Besucher den Weg des Soldaten geht

Kein sterbender oder kniender Soldat, keine trauernde Witwe, keine Schlachtrösser und schon gar kein Stahlhelm. Kein Kruzifix, keine Pietà, keine Heiligen, keine Engel. Keine Helden. Und trotzdem eine so bedeutungsvolle Gedenkstätte.

Nach dem Ende der Monarchie und dem verlorenen »Großen Krieg« musste das Konzept der Kriegerdenkmale neu gedacht werden. Prunkvoll prahlende Elemente des Triumphes von in siegreichen Schlachten gefallenen Soldaten wichen der Erinnerung an die verstorbenen Seelen, die ihre Heimat verteidigt hatten. So kommt das Denkmal in Bludenz gänzlich ohne ikonografische Klage, Aufforderung oder gar Glorifizierung aus.

In der konjunkturschwachen Zwischenkriegszeit wetteiferten verschiedene Bauunternehmen darum, die Kriegerdenkmale errichten zu dürfen. Daraus entstand auch eine Diskussion, ob Künstler oder Architekten für die Denkmale zuständig seien, die immer häufiger vom Ortsrand in die Ortsmitte rückten. Als Künstler und Architekt erhielt der junge Andelsbucher Alfons Fritz den Zuschlag für den Bau des Bludenzer Kriegerdenkmals mit seiner tiefsinnigen Idee.

Er wählte den Gizzibühel als symbolischen Ort zwischen der Kirche und der mittelalterlichen Befestigungsmauer, die bereits die Heimat der Vorfahren verteidigt hatten. Man verlässt den frequentierten Platz, betritt das Denkmal durch ein schmiedeeisernes Gittertor und steigt einen symbolischen Kalvarienberg empor. Von hier präsentiert sich das Bergpanorama als viel zitierte Heimat, für welche die Soldaten gestorben sind. Die schlichte Krypta erinnert an die Gefallenen. »Hier ruht einer von uns«, ist zu lesen. Kein Held, sondern einer von uns. Folgt man der Treppe nach oben, wird es immer heller bis zum Himmel, hier durch das Tor zur Kirche dargestellt. Somit folgt der Besucher metaphorisch dem Weg des Gefallenen von der Stadt über den Tod bis in den Himmel.

Adresse Bei der Laurentiuskirche, Schloß-Gayenhof-Platz 6, 6700 Bludenz | ÖPNV Bus 76, 81, 90, Haltestelle Postamt, Bus 1, Haltestelle Post-Kreuzung oder knapp 10 Gehminuten vom Bahnhof Bludenz | Anfahrt Autobahn A 14 in Bludenz verlassen und in Richtung Landeskrankenhaus fahren. Entweder direkt bei der Kirche oder auf dem Parkplatz in der Herrengasse parken. Das Denkmal befindet sich zwischen der Kirche und dem Tor am Ende der Herrengasse. | Öffnungszeiten aufgrund von Sanierungsarbeiten derzeit nur von außen zu besichtigen | Tipp Die Remise ist nicht nur ein Kulturzentrum, sondern auch ein Café mit tollen Mittagsmenüs in außergewöhnlichem Ambiente. Am Raiffeisenplatz 1, 6700 Bludenz, www.cafe-remise.at, Mo–Sa 10–24 Uhr

12__Die Fresken

Die Sensation in der ältesten Kirche Vorarlbergs

Die Christianisierung Vorarlbergs dauerte lange. Die Missionare bissen sich die Zähne an den heidnischen Alemannen aus. Das erste Zeugnis christlicher Geschichte in der Region geht auf das Jahr 451 zurück, als in Chur ein Bischof namens Asinio auftauchte.

Natürlich wäre ein Bischofssitz nicht denkbar, gäbe es in der Umgebung keine entsprechend wichtigen Kirchengemeinden, wie etwa jene in Nenzing ab dem 6. Jahrhundert. Doch die Kirche in Bludesch mit Königshof scheint wichtiger gewesen zu sein, und neuere Forschungen am Fundament sehen die Ursprünge der Kirche bereits im 5. Jahrhundert.

Da die wahrscheinlich älteste Kirche Vorarlbergs im 19. Jahrhundert in Vergessenheit geriet und zusehends verfiel, hat die Instandsetzung zurzeit eine hohe Priorität, in deren Rahmen auch Forschungen stattfinden. Leider sind einige Restaurierungsarbeiten misslungen, wie etwa die Turmsanierung, und auch die erst 1948 wiederentdeckten Fresken wurden anfangs mit sehr groben Mitteln freigelegt.

Ungeachtet dessen sind sie eine wahre Sensation. Sie wurden im 14. Jahrhundert mit allen damals zur Verfügung stehenden Farben sehr figurativ dargestellt, denn im Mittelalter konnten nur die wenigsten lesen. Über 300 Jahre lang war die Wandbemalung – es handelt sich hierbei eigentlich um Seccomalerei, nicht um Fresko – übertüncht, erst durch die beherzte Restaurierung durch Claudio Bizzarri vor wenigen Jahren wurden die Bildergeschichten konserviert.

Die Geschichte beginnt an der Nordwand mit der Erschaffung Evas und zieht sich im Uhrzeigersinn bis zum Weltgericht an der Westseite. Links schweben die Seligen, rechts warten die Verdammten darauf, vom Teufel verschlungen zu werden. Während oben sechs der sieben personifizierten Todsünden mit einem Strick um den Hals abgebildet sind, stehen unten neben der siebten Todsünde Bürger, Mönche, ein König und sogar ein Bischof.

Adresse Filialkirche St. Nikolaus, Alte Landstraße, 6719 Bludesch | ÖPNV Bus 76, Haltestelle Bludesch Dorfzentrum | Anfahrt A 14 in Nenzing verlassen und in Richtung Bludesch fahren. Parken kann man bei der Pfarrkirche, die Fresken befinden sich jedoch in der anderen Kirche etwa 500 Meter entfernt in Richtung Nordosten. | Tipp In der Nachbargemeinde Thüringen wird man im Restaurant Ariana mit ausgezeichneten afghanischen und indischen Spezialitäten verwöhnt. Ariana, Walgaustraße 5, 6712 Thüringen, Mi–So 11.30–14 und 17.30–23 Uhr

13_Die nicht vorhandenen Grenzen

Grenzenlose Partnerschaft

Sitzt man am Bodenseeufer und lässt seine Blicke in die Ferne schweifen, erscheint einem die Region irgendwie grenzenlos. Bekannt ist, dass die Berge des Appenzell zur Schweiz gehören, der Pfänderhang zu Österreich und die sanften Hügel zu Deutschland, aber wo genau im See welcher Staat beginnt oder aufhört, das kann man nicht sagen. Wirklich nicht, denn der Bodensee ist eine der letzten beiden Gegenden Europas, wo nie Grenzen festgelegt wurden. Also fast, denn der Untersee, der Seerhein und der Konstanzer Trichter wurden zwischen Deutschland und der Schweiz aufgeteilt. Der Überlinger See gehört vollständig zu Deutschland, was zwar nicht schriftlich geregelt ist, aber aufgrund der geografischen Lage stört sich niemand daran, dass Deutschland dieses Recht ersessen hat. Der Rest des »Schwäbischen Meeres« ist jedoch grenzenlos.

Österreich und Deutschland sehen ihr Hoheitsgebiet nur bis zu einer Wassertiefe von 25 Metern, während die Schweiz die Ansicht vertritt, die Grenze verläuft in der Mitte des Sees. Im Alltag wird die erste Lösung praktiziert, und der See wird als Kondominium betrachtet. Doch genau dank dieses ungeregelten Umstandes funktioniert die Zusammenarbeit unbürokratisch und partnerschaftlich. Vorschriften werden meistens wortident verfasst. Bergungsaktionen, etwa bei Flugzeugabstürzen, werden gemeinsam unter der Federführung eines Staates durchgeführt. Auch Kuriosa bleiben nicht aus, etwa als in den 1970er Jahren ein Schwede die MS Vorarlberg charterte und in vermeintlich internationales Gewässer fuhr, um zollfrei Butter zu verkaufen, oder als 1991 fast ein bewaffneter Konflikt über ein Fischereirevier ausbrach, der darin endete, dass die Wasserschutzpolizei zwei Vorarlberger Fischer, die vorher mit einer Schrotflinte auf deutsche Fischer gezielt hatten, aus dem eiskalten See barg. Die Seenotrettung funktionierte wie immer tadel- und grenzenlos.

Adresse Schönster Ort abends am See ist links und rechts der Mili, dem historischen Bad auf Stelzen, Reichsstraße, 6900 Bregenz | **ÖPNV** Bahnhof Bregenz-Hafen, Bus 1, 10, 19, Haltestelle Bregenz Kaserne | **Anfahrt** Parkhaus am Hafen in Bregenz | **Tipp** Dietlind Castor widmete dem Bodensee ein ganzes Werk: »111 Orte am Bodensee, die man gesehen haben muss«.

14 Die Ernst-Volkmann-Stele

»Nicht für Hitler«

Wer in der Gegend um die Galluskirche spaziert, taucht in eine ganz besondere Stimmung ein. Umgeben von kleinen alten Häuschen, einer Brücke und gepflasterten Sträßchen fühlt man sich in die Vergangenheit versetzt. Von fern sieht man eine blaue Stele, und man vermutet, dass der Stadtbus bis hinter die Kirche fährt. Wer sich der vermeintlichen Bushaltestelle nähert, liest anstatt des Haltestellennamens den Namen Ernst Volkmann und anstatt eines Fahrplans seine Biografie.

Der aus dem Sudetenland stammende Bregenzer Gitarrenbauer liebte seine Heimat Österreich und war tief in seinem Glauben verwurzelt. Diesen Glauben konnte ihm niemand austreiben. Wohlwissend, was die Nationalsozialisten Österreich und der katholischen Kirche angetan haben, nannte er das Unrecht beim Namen und Hitler einen Mörder. Nach seiner überzeugten Weigerung, in den Wehrdienst einzutreten, wurde er inhaftiert und 1941 in Brandenburg an der Havel hingerichtet.

Trotz seines tiefen Glaubens unterschrieb kein kirchlicher Würdenträger sein Gnadengesuch, und der damalige päpstliche Nuntius bezeichnete sogar katholische Wehrdienstverweigerer als »Märtyrer ihrer eigenen Dummheit«. Noch in der Todeszelle versuchte ihn der Zuchthauspriester davon zu überzeugen, dass er als Christ durchaus den Eid auf Hitler leisten könne und dies zumindest seiner Familie wegen tun solle. Ernst Volkmann blieb seinem Glauben und seiner Überzeugung treu und wurde durch die Guillotine ermordet.

Nachdem Ernst Volkmann zuerst fälschlicherweise als Kriegsgefallener angeführt wurde, hat man sich neben der Errichtung einer kleinen Gedenktafel dazu entschieden, ihm eine Stele zu widmen, genau zwischen der Kirche, dem Kriegerdenkmal und seinem ehemaligen Wohnhaus. Die Form einer Bushalte-Stele symbolisiert den Alltag, eine Reise. Passanten sollen hier wie bei einer Bushaltestelle kurz stehen bleiben, sich informieren und innehalten.

Adresse Hinter der Pfarrkirche St. Gallus, Kirchplatz, 6900 Bregenz | ÖPNV Bus 12c, 12d, Haltestelle Bregenz Thalbach, Bus 4, 5, Haltestelle Bregenz Landeskrankenhaus oder 15 Minuten zu Fuß vom Bahnhof Bregenz | Anfahrt über die Schlossbergstraße, Parken beim Pfarramt | Tipp In der Pfarrkirche St. Gallus befindet sich eines der landesweit bedeutendsten Kunstwerke des Barock, der Silberaltar von 1750.

15 Der Fischersteg

Damit die Kleider am Leib bleiben

Auf dem Katasterplan von 1857 sieht man deutlich, wie sich Bregenz von der Oberstadt bis direkt zum Hafen erstreckt. Undeutlicher sind dünne rote Linien zu erkennen, welche die zukünftige Eisenbahn markieren. Die Bregenzer forderten händeringend, dass ihr Bahnhof an der Vorarlbergbahn nicht irgendwo zwischen Lauterach und Hard gebaut werden solle, sondern bitte schön mitten in der Stadt, direkt neben dem Hafen. So wie in Lindau. Groß war der Jubel, als es dann so kam. Womit die Bregenzer nicht gerechnet hatten: Sie waren nun von ihrem geliebten See abgeschnitten.

Also setzte sich der »Verein für gemeinnützige Zwecke«, dessen Vereinshaus das heutige Wirtshaus am See ist, für die Verschönerung ihrer Stadt ein, indem seeseitig ein Gelände mühsam aufgeschüttet wurde. Die neu gewonnene Fläche sollte der Bevölkerung als Naherholungsgebiet dienen. Die Begrünung übernahmen städtische Arbeiter, die Stadtgärtnerei wurde geboren. In diesen Seeanlagen fand 1887 die Landesausstellung statt, eine beliebte Leistungsschau der heimischen Wirtschaft.

Die Promenade am See zog aber nicht nur die flanierende Oberschicht an. Auch Petrijünger kamen zum Angeln an den See, was jedoch verboten war. Man hatte Sorge, dass der Angelhaken beim Auswurf Kleider zerfetzen oder Menschen verletzen könnte, weshalb man 1902 den Fischersteg erbaute. Dreißig Jahre später avancierte der Steg zum Flughafen für Rundflüge über die Bregenzer Bucht. Einst wurde der Wegweiser »zum Flughafen« von Gymnasiasten abmontiert und an ihrer Schule befestigt. Denn wenn man das Schuljahr nicht geschafft hat und deshalb »geflogen« ist, lässt sich das Gymnasium auch gewissermaßen als Flughafen interpretieren.

Heute fliegt niemand mehr vom Fischersteg. Nur 1970 flog der gesamte Rundpavillon den Bregenzern um die Ohren, als er während eines Sturmes völlig zerstört wurde. Erst zehn Jahre später wurde er wieder aufgebaut.

Adresse Seeanlagen, 6900 Bregenz | ÖPNV Bahnhof Bregenz oder Bregenz-Hafen | Anfahrt Parken in der Bahnhofstraße | Tipp Wenn gerade keine Vorstellungen stattfinden, kann man auf der Tribüne der Bregenzer Festspiele Platz nehmen, das Bühnenbild bestaunen und das Panorama von den obersten Reihen genießen.

16 Der Gallenstein

Die einst wichtigste Pilgerstätte der Region

Nichts erinnert heute an den Felsen, den der heilige Gallus bewohnte. Dieser Gallenstein wurde nicht durch eine Kolik aus der Gallenblase, sondern 1810 unter bayerischer Herrschaft von einem Bregenzer aus dem geschichtlichen Gedächtnis gesprengt.

Kolumban und seine Schüler, einer davon Gallus, kamen von der irischen Abtei in Bangor, heute Partnerstadt von Bregenz, in den alemannischen Raum. Manche Historiker legen den Geburtsort der beiden ins Elsass.

Als gesichert gilt, dass sie auf die Empfehlung eines Arboner Priesters nach Bregenz kamen, da sich das fruchtbare Land in geschützter Lage zwischen See und Berg hervorragend für eine klösterliche Niederlassung eignete. Kolumban bezeichnete die Gegend deshalb als goldene Schale, fügte aber hinzu, dass diese voller Schlangen sei. Damit meinte er die heidnischen Bregenzer, die sich nicht bekehren lassen wollten. Erfolgreicher im Missionieren war sein Schüler Gallus, der die hiesige Sprache beherrschte. Die wenigen Römer, die nach der Völkerwandung noch im ehemaligen Brigantium blieben, erinnerten sich an ihren ehemals christlichen Glauben und hingen Gallus an den Lippen. Dieser wiederum warf die Götzenbilder der Alemannen, Statuen von Wotan, Thor und Freya, in den See.

Nahe der heutigen Landesbibliothek, dem ehemaligen Gallusstift, wohnte Gallus während seiner Missionstätigkeit (610–613) und hinterließ im Nagelfluhgestein einen Abdruck seines Körpers. Schon in der vorrömischen Zeit muss dieser Ort den Heiden als Opferstätte gedient haben, und nach dem Tod von Gallus wurde seine Behausung, die Galluszelle, zum Pilgerort von Fieberkranken. Der Andrang war so groß, dass 1614 eine stattliche Kirche errichtet wurde. Diese wurde ebenso wie der Fels mit dem Abdruck des Heiligen 1810 gesprengt und nach Lindau verkauft. Nur ein Glöcklein blieb übrig und befindet sich nun in der Kapelle auf dem Gebhardsberg.

Adresse St.-Gallenstein-Weg zwischen Langenerstraße und Fluherstraße, 6900 Bregenz (Schottersteig ohne Beschilderung links der Landesbibliothek beziehungsweise von der Langenerstraße kommend nach dem Parkplatz des Weingutes links bergauf) | **ÖPNV** Bus 12c, Haltestelle Bregenz Landesbibliothek, Bus 4, 5, Haltestelle Bregenz Weinschlößle, Bus 13, 25, 35, 37, Haltestelle Bregenz Franz Ritter | **Anfahrt** Fluherstraße, Parken bei der Landesbibliothek | **Tipp** Die Landesbibliothek ist im ehemaligen Benediktinerstift untergebracht. Die ehemalige Stiftsbibliothek wurde originalgetreu restauriert; der »Kuppelsaal« steht heute wieder als Bibliothek zur Verfügung.

17 Das Geburtshaus des Autors

Ein Spaziergang durch den Ölrain

Hier bin ich aufgewachsen und habe über 20 Jahre meines Lebens verbracht. Jetzt nehme ich Sie mit auf einen Spaziergang durch den Ölrain. Wir starten bei der gleichnamigen Bushaltestelle und spazieren die Josef-Huter-Straße entlang. Die Straße wurde nach dem langjährigen Bürgermeister benannt, der sich unter anderem für das erste Gymnasium der Stadt, den Bau des Wälderbähnle und das Schützenhaus auf dem Berg Isel verdient gemacht hat. Außerdem setzte er sich für die Fusionierung der Gemeinden Bregenz und Rieden ein, deren Grenze die heutige Josef-Huter-Straße bildete. Wir nehmen die zweite Straße links, die Cosmus-Jenny-Straße, benannt nach dem Onkel des Textilfabrikanten Schindler. Nun stehen wir vor einer der wenigen evangelischen Kirchen (H.B.) Österreichs, der ersten elektrisch beheizten Kirche der damaligen K.-u.-k.-Monarchie.

Wir spazieren links am neogotischen Kirchengebäude vorbei und schlendern die Ölrainstraße entlang. Unterwegs sehen wir imposante Villen von schlicht über pompös, von verfallen bis futuristisch. Die Namen der Querstraßen lassen die römische Geschichte von Bregenz erahnen. Tiberiusstraße, Drususgasse ... In Letztere biegen wir ab, und auf der Höhe des großen grauen Gebäudes lohnt ein Blick über den Zaun. Wir sehen Reste des römischen Brigantium. Lange ging man von einem Militärlager aus, neueste Grabungen scheinen jedoch zu bestätigen, dass Bregenz eine richtige römische Stadt war. Wir gehen nun zurück in die Ölrainstraße, biegen rechts ab, am Ende der Straße links steil bergab unter der Römerstraße hindurch und anschließend links unterhalb der Straße auf dem Fußweg. Kurz vor dem Samuel-Spindler-Weg, benannt nach einem von den Nazis in den Tod getriebenen sozialdemokratischen Gemeinderat, beginnt das Erawäldele, ein kaum bekanntes, aber streng geschütztes Laubmischwaldbiotop, und wir sind wieder am Ausgangspunkt.

Adresse Josef-Huter-Straße, 6900 Bregenz | ÖPNV Bus 4, 5, 13, 25, 35, 37, Haltestelle Bregenz Ölrain, Bus 16, 20, 21, Haltestelle Bregenz Josef-Huter-Straße | Anfahrt Parken in der Josef-Huter-Straße | Tipp In der denkmalgeschützten Villa Liebenstein in der Arlbergstraße 66 ist die Musikschule untergebracht, die der Autor rund 20 Jahre lang besuchte und in der er mehrere Instrumente erlernte. musikschule.bregenz.at

18 Der Heurigen Möth

Wiener Weinkultur trifft auf Bregenzer Weinbautradition

Der Weinbau in Vorarlberg hat eine lange Tradition. Den ältesten Hinweis liefert eine Urkunde aus dem Jahr 820, in der Rankweil als Viniola, kleiner Weinberg, bezeichnet wird. Ab dem 14. Jahrhundert wurde auch in Bregenz der Weinbau zu einem erträglichen Wirtschaftszweig. Die Grafen von Montfort hatten selber viele Weingärten, und die Oberstadt, in der einige Häuser immer noch beeindruckend große Weinkeller haben, war von Rebstöcken umgeben. Durch die mittelalterliche Warmzeit waren sowohl Qualität als auch Quantität der Bregenzer Weine beachtlich. Mitte des 17. Jahrhunderts verringerten sich die Ernten aufgrund klimatischer Bedingungen und durch die schlechte wirtschaftliche Lage wegen des Dreißigjährigen Krieges. Ganz zum Erliegen kam der Weinbau 1884 mit der Eröffnung der Arlbergbahn, da Südtiroler Weine nicht nur besser, sondern von da an auch günstiger waren.

Gut 100 Jahre später, 1988, pachtete der Vater von Josef Möth, dem heutigen Besitzer des gleichnamigen Heurigen, ein Stückchen Land in Neu Amerika. Der Bregenzer Ortsteil befindet sich am Bodenseeufer, was die klimatischen Bedingungen für guten Wein liefert. Der Weinbau begann als Hobby, das Winzergebäude war die frühere Gärtnerei des damaligen Gallusstiftes, und davor standen zwei Bänke, wo Besucher den Wein probieren konnten. Später begann Josef Möth, ausgebildeter Winzer, mit der Investition in die Qualität des damals noch eher als süffiger Kopfwehwein bekannten Getränkes. Aus gutem Grund, denn er ist in Vorarlberg der einzige Winzer, dessen Haupterwerb der Wein ist. Gegen günstig importierte Weine kann man keinen Preiswettbewerb gewinnen, weshalb er nicht nur auf Qualität setzt, sondern auch ein Stückchen Wiener Heurigenkultur nach Bregenz gebracht hat. Neben den eigenen Weinen werden in der urigen Weinschänke auch typische Speisen nach eigenem Rezept serviert.

Adresse Langenerstraße 5, 6900 Bregenz, www.moeth.at | ÖPNV Bus 4, 5, Haltestelle Bregenz Weinschlößle, Bus 13, 25, 35, 37, Haltestelle Bregenz Franz Ritter | Anfahrt Parken direkt beim Heurigen | Öffnungszeiten Frühjahr–Ende Sept. Do–So 16–22 Uhr sowie an einigen Novemberwochenenden, genaue Infos auf der Webseite, Verkostungen ganzjährig auf Anfrage Tel. 05574/47711 | Tipp Hinter dem Parkplatz beginnt ein Schottersteig, auf dem man an der Landesbibliothek vorbei auf den Gebhardsberg spazieren kann. Eine nette kurze Wanderung, die mit einem sehr schönen Panorama auf Bregenz und den Bodensee belohnt wird.

19 Der Knoten am Geländer

Ein »Knopf« für die Erinnerung an die Gulaschbrücke

Eines Nachts flexte der Bregenzer Kunstschlosser Wilfried »Wif« Kofler ein Stück des Handlaufs eines Geländers an den Seeanlagen ab und ersetzte es durch einen Knoten. Die Stadt Bregenz störte sich nicht an dem Kunstwerk, jedoch weist auch kein Schild auf die Bedeutung des Knotens hin.

Der Knopf – Bregenzerisch für Knoten – steht im Allgemeinen sinnbildlich für etwas, das man nicht vergessen soll, in diesem Fall die Gulaschbrücke.

Die ältere Generation kennt die gusseiserne Bahnüberführung vom Sehen, die jüngere Generation vom Hörensagen. Sie war das letzte Element, das vom alten Bahnhof abgerissen wurde, bevor dieser durch das »Jahrhundertbauwerk« 500 Meter weiter westlich ersetzt wurde. Keine 15 Jahre später wurden aber schon Stimmen laut, auch diesen Bahnhof abzureißen, weil er nicht funktional und sein türkises Antlitz »wüascht«, also hässlich, sei.

Interessanter ist jedoch die Geschichte, woher die 1892 erbaute Gulaschbrücke ihren kulinarischen Namen hat. Als der Arlbergtunnel ab 1884 Vorarlberg und Tirol miteinander verband, reisten jedes Frühjahr Zehntausende, täglich bis zu 1.200 arbeitssuchende Italiener und Trentiner mit der Bahn nach Bregenz und stiegen hier auf Schiffe, um in der Schweiz und in Süddeutschland Arbeit zu finden. Im Herbst fuhren dann alle wieder zurück nach Hause. Diese vielen Menschen mussten versorgt werden. So stellte sich ihr Landsmann Francesco di Ignazio Bacchini – Wirt im Gasthaus Helvetia, ein immer noch existentes Hotel – unter die Gulaschbrücke und verköstigte die arbeitssuchenden Durchreisenden mit Brot und natürlich Gulasch aus der Gulaschkanone.

Die Gulaschbrücke hielt fast genau 100 Jahre stand, bevor sie in Einzelteile zerlegt wurde und in den Hochöfen der Stahlindustrie landete. Nur der kleine unscheinbare Knoten am Geländer erinnert uns an dieses Stück Bregenzer Geschichte.

Adresse Seeanlagen, 6900 Bregenz | ÖPNV Bahnhof Bregenz oder Bregenz-Hafen | Anfahrt Parken in der Bahnhofstraße | Tipp Dem schönen Uferweg zu Fuß oder mit dem Fahrrad gen Westen folgend erreicht man verschiedene Naturstrände und Buchten, die zum Baden einladen, wie etwa den Wocherhafen.

20 Der Martinsturm

Ich geh mit meiner Laterne

Die Oberstadt ist ein wahres Kleinod oberhalb von Bregenz, das den mittelalterlichen Charakter der Altstadt bewahrt hat. Eine ganz besondere Ecke ist der am nördlichen Ende gelegene Hof der Martinsgasse. Anfang des 13. Jahrhunderts begann man hier mit der Errichtung der teilweise heute noch sichtbaren Stadtmauer, und kurz darauf wurde auch ein niedriger Turm mit einem Pyramidendach errichtet. Dieser diente als Kornspeicher und befestigter Wohnturm für die Grafen von Montfort, die Herren von Bregenz. Etwa ein Jahrhundert später errichtete man in einer Ecke des Obergeschosses eine kleine Kapelle zu Ehren des heiligen Martin von Tours. Jedes Bregenzer Kind kennt die Geschichte, als Martin seinen Mantel teilte und die eine Hälfte einem Bettler gab. Jedes Jahr im November wird diese Szene in der Oberstadt nachgespielt, und die Kinderaugen leuchten mit den Laternen um die Wette.

Die Martinskapelle wurde 1362 unter Graf Wilhelm III. von Montfort großzügig erweitert. Beeindruckend sind die Fresken, die Geschichten aus der Bibel erzählen wie ein Bilderbuch für Menschen, die nicht lesen können. Und das waren damals fast alle. Erwähnenswert ist auch die äußerst seltene Darstellung der hochschwangeren Maria auf dem Thron.

Es vergingen einige Jahre, bis der Turm schließlich 1601 seine heutige Form erhielt. Der Graubündner Baumeister Benedetto Prato bekam die Aufgabe, das Gebäude zu erhöhen, und er schuf etwas Besonderes: den ersten Barockbau nördlich der Alpen und die größte Turmzwiebel Mitteleuropas. Diese deutet darauf hin, dass es sich beim Martinsturm nicht um ein militärisches Gebäude gehandelt hat, sondern um eine Feuerwache, da man von oben die gesamte Stadt überblicken konnte. Das war nach dem großen Brand von 1581 auch nötig. Heute befindet sich im Martinsturm ein Museum zur Stadtgeschichte, das man über die markante hölzerne Außentreppe erreicht.

Adresse Martinsgasse 3b, 6900 Bregenz, www.martinsturm.at | **ÖPNV** Bus 12c, 12d, Haltestelle Bregenz Thalbachgasse und über Treppe in die Oberstadt oder 15 Minuten zu Fuß vom Bahnhof Bregenz-Hafen | **Anfahrt** über Thalbachgasse und Amtstorstraße in die Oberstadt, Parken am Ehregutaplatz | **Öffnungszeiten** Mai–Okt. Di–So 10–18 Uhr | **Tipp** Spaziert man den Stadtsteig hinab und biegt links in die Herbert-Reyl-Gasse ab, kommt man zur Kirchstraße, wo sich links die schmalste Hausfront der Welt befindet und ein paar Schritte weiter auf der rechten Seite das Landesarchiv, neben dem Martinsturm einer der wenigen barocken Profanbauten der Stadt.

21 Der Milchpilz

Das eigentliche Wahrzeichen der Landeshauptstadt

Er ist Kult. Er ist cool. Und der letzte seiner Art: der Milchpilz. Anfang der 1950er Jahre schossen diese Kioske in Fliegenpilzform aus dem Boden. In der Nachkriegszeit stellte sich ein gewisser Wohlstand ein, und die Jugend traf sich an Eisdielen und Milchbars. Doch die Konkurrenz zuckerhaltiger Erfrischungsgetränke ließ nicht lange auf sich warten, weshalb die Milchversorgungsbetriebe nach geeigneten Verkaufsständen suchten, damit sich die Jugend weiterhin zum Milchtrinken verabredete.

Die Hermann Waldner KG aus Wangen im Allgäu hatte die Idee zum markanten Milchpilz und produzierte insgesamt 49 Stück, die nach halb Europa verkauft wurden. Die Pilze wurden ganz im Geiste der Fünfzigerjahre gebaut: Durch wenig Material und viel Formsprache entstand eine moderne Atmosphäre, und die Serienherstellung in Holz-Fertigbauweise erlaubte eine günstige und schnelle Produktion, vergleichbar mit der Idee der Plattenbauten oder Notkirchen.

Die Architektur ist simpel: Fünf Massivholzträger, dazwischen weiß beschichtete und gebogene Spanholzplatten, Fenster, eine Tür und eine Dachkonstruktion aus Polyvinylchlorid – fertig ist der Milchpilz. Zum Leidwesen der Württembergischen Landesstelle für Landschaftspflege, die in einem Brief an die Herstellerfirma die Kioske als abwegig und geschmacklos bezeichnete.

Heute sieht das niemand mehr so, und der Bregenzer Milchpilz steht als letzter Pilzkiosk, der immer noch Milch verkauft, seit 2011 unter Denkmalschutz. Zum Glück, denn es gab bereits öfter Überlegungen, den Milchpilz abzureißen, liegt er doch so nahe an der verkehrsreichsten Straße der Landeshauptstadt. Und das wäre schade, denn heute wie damals ist der Milchpilz ein Kultobjekt und bewirtete zum Beispiel 1974 Festspiel-Stars wie den Dirigenten, den Regisseur und die Sängerin von Verdis »Il finto Stanislao«, wie schwarz-weiße Paparazzi-Bilder aus dem Stadtarchiv zeigen.

Adresse Am Bahnübergang an der Kreuzung Seestraße / Rathausstraße, 6900 Bregenz | ÖPNV Bahnhof Bregenz-Hafen | Anfahrt Parkhaus am Hafen in Bregenz | Öffnungszeiten Mai – Sept. bei Schönwetter 8.30 – 19.30 Uhr | Tipp Gegenüber befindet sich das neu gestaltete vorarlberg museum als kunst- und kulturgeschichtliches Museum des Landes. Von einem versteckten Raum aus im obersten Stockwerk hat man den besten Blick auf den Milchpilz und das Treiben in den Seeanlagen.

22 Das Molo

Der Wellenbrecher

Es gibt kaum einen Ort in Bregenz, von dem aus man den Sonnenuntergang im See besser sehen kann, als das Molo. Warum man für die Hafenmole den italienischen Begriff verwendet, ist schwer zu sagen. Vielleicht liegt es an den vielen italienischen Einwanderern oder am italienischen Urlaubsflair. Fest steht, dass das Molo nicht nur ein Wellenbrecher ist, sondern auch die Bezeichnung für den von Einheimischen und Gästen gleichermaßen sehr beliebten Ort.

Um den Sonnenuntergang und allgemein den See besser erleben und genießen zu können, wurde 2009 die steil abfallende Mauer durch die sogenannten Sunset-Stufen ersetzt. Sie sind ein beliebter Treffpunkt, von dem man die Seebühne, die Berge des Appenzell, die Segelboote im Bodensee oder die Inselstadt Lindau betrachten kann.

Die Stufen in den See sind aber nicht die einzige Modernisierung, die das Molo in den letzten Jahren erfahren hat. Gleichzeitig wurde auch der moderne Leuchtturm eingeweiht. Ebenso findet man zwischen den Bäumen ein Kunstwerk. Der in Bregenz geborene Künstler Gerry Ammann erschuf mit seinem »Licht-Tunnel« einen Erlebnisraum. In der Dunkelheit beginnen die 30 Glasrohre in wechselnden Farben zu leuchten.

Doch es finden sich auch alte Schätze auf der künstlichen Landzunge, wie etwa die uralten Bäume als Naturdenkmal oder der Messstein der höchsten Hochwasser. Das letzte Mal trat der Bodensee 1999 über das Ufer, das höchste gemessene Hochwasser stammt aber aus dem Jahr 1817 und markiert das Ende der Kleinen Eiszeit. Nach dem Ausbruch des indonesischen Vulkans Tambora 1815 folgte das Jahr ohne Sommer, das die Ursache für viele Missernten und die größte Hungersnot im 19. Jahrhundert war. Es war so kalt, dass in den Bergen Vorarlbergs der Schnee zwei Jahre lang hielt. Die anschließende große Schneeschmelze sorgte am 7. Juli 1817 für das höchste gemessene Hochwasser.

Adresse Beim Hafen, 6900 Bregenz | **ÖPNV** Bahnhof Bregenz-Hafen | **Anfahrt** Parkhaus am Hafen Bregenz | **Tipp** Wenige Gehminuten vom Molo entfernt, in der Bahnhofstraße 8, kann man im Club & Bar Cuba hervorragend einen Absacker trinken. Die preisgekrönte Cocktailkarte lädt zum Ausprobieren neuer Mixturen ein. www.cuba-club.at, Mo–Fr 11–4 Uhr, Sa, So 14–4 Uhr

23 Der mumifizierte Hai

Liebe Grüße vom Stadtoriginal

Nach dem Ende der Völkerwanderung im 5. Jahrhundert war es lange Zeit ruhig am Bodenseeufer. Erst in der Mitte des 13. Jahrhunderts wurde Bregenz vom Grafen von Montfort neu gegründet. Aus strategischen Gründen wurde dazu das kleine Plateau ausgewählt, das zu drei Seiten abfällt, wo die jetzige als Oberstadt bekannte Altstadt steht. Die Außenbefestigung lässt sich noch gut erahnen, den besten Blick darauf hat man vom Kapuzinerkloster in der Kirchstraße. Dass die Altstadt nicht natürlich gewachsen ist, sondern aus einem Guss stammt, lässt sich am schief-rechteckigen Grundriss mit drei parallelen Gassen erkennen. Aus der Ursprungszeit stammt auch das Untere Tor, eines von ursprünglich zwei befestigten Eingängen zur Oberstadt.

Verlässt man die Oberstadt an genau jenem Tor, überrascht einen ein Anblick, den man so nicht erwarten würde. Vom Torbogen hängt ein Hai. Viele Legenden und Geschichten ranken sich um das Tier. Handelt es sich um den letzten Süßwasserhai aus dem Bodensee? Oder ist es ein Urzeithai? Ist er gar nicht echt, sondern aus Holz geschnitzt? Und wer hat ihn aufgehängt?

Auf die letzte Frage gibt es eine klare Antwort. Der 1953 verstorbene Antiquitätenhändler Rudolf Sagmeister liebte das Kuriose, weshalb er den Hai vor seine Wohnung hängte. Richtig, er wohnte im Torhaus. Den Hai hatte er aus England mitgenommen. Dorthin war er etwa 1911 ausgewandert, um ein Kino zu eröffnen, wurde aber frisch verlobt mit Ausbruch des Ersten Weltkrieges ausgewiesen, inklusive seines Hais. Zurück in Bregenz musste er an die Front, wo er einen Kopfschuss erlitt, den er zwar überlebte, der ihn aber entstellte. Darunter litt Rudolf Sagmeister sein Leben lang. Er galt als menschenscheu und verrückt, er war das Stadtoriginal. Bei den Kindern war er aber sehr beliebt, denn er unterhielt sie mit all seinen Kuriositäten. So stammen auch die restlichen Wandbehänge um den Hai von ihm.

Adresse Ehregutaplatz 1, 6900 Bregenz | **ÖPNV** Bus 12c, 12d, Haltestelle Bregenz Thalbachgasse und über Treppe in die Oberstadt oder 15 Minuten zu Fuß vom Bahnhof Bregenz-Hafen | **Anfahrt** über Thalbachgasse und Amtstorstraße in die Oberstadt, am Ehregutaplatz parken | **Tipp** Der Maurachbund in der Maurachgasse 11 ist ein traditionelles Bregenzer Gasthaus mit ausgezeichneter Küche. www.maurachbund.at, Mo–Sa 11.30–23 Uhr

24 Der Oberstadtspielplatz

Unbekümmert im ehemaligen Gefängnisgarten spielen

Dort, wo das Plateau der Bregenzer Oberstadt in den Pfänderstock übergeht, dominiert ein bemerkenswertes Gebäude den Amtsplatz. Dieser wohlproportionierte Bau im Schönbrunner Gelb zählt zu den wichtigsten des Spätklassizismus in Vorarlberg. Dem aufmerksamen Besucher fallen die vergitterten Fenster im Erdgeschoss auf, die auf die ursprüngliche Nutzung des Gebäudes hinweisen.

Bevor es 1857 als Gefängnis errichtet wurde, stand an selbiger Stelle die Fronfeste. Diese Burg mit ihrem Schelmenturm stand an der angreifbarsten Stelle der Altstadt, die nach den anderen drei Seiten steil abfällt. Weil die Burg baufällig war, musste sie abgerissen werden, doch der Turm war so stabil, dass er 1884 gesprengt wurde. Drei Jahrhunderte stand die Burg samt Verlies dort, wo anschließend das größte bezirksgerichtliche Gefangenenhaus Österreichs errichtet wurde.

Bis 1975 diente es als Gefängnis, und nach einer umfassenden Renovierung beherbergt es nun das Bundesdenkmalamt. Den eigenen Vorgaben treu wurden die alten Gebäudestrukturen beibehalten inklusive einer komplett erhaltenen Zelle. Der ehemalige Gefängnisgarten bekam eine neue Funktion und wurde zu einem großen Spielplatz umgebaut. Da die Gefangenen mehr oder weniger Selbstversorger waren, durften vertrauenswürdige Gefangene, sogenannte Hausarbeiter, bei der Gartenarbeit helfen und die Tiere füttern, wie sich der letzte Kerkermeister Hermann Widmann im Buch »bloß it vergeassa« erinnert. Er beschreibt auch die vielen Fluchtversuche durch den Garten.

So witzig einige Geschichten rund um die Gefangenen der ehemaligen Fronfeste sind, so traurig ist die Rolle des Gebäudes in der dunkelsten Zeit des vergangenen Jahrhunderts. Von 1938 bis 1945 verhörte und inhaftierte hier die Gestapo 6.000 Menschen, darunter 1.500 Vorarlberger. Der große Rest waren Menschen, die vor dem Regime in die Schweiz flüchten wollten.

Adresse Amtsplatz 1, 6900 Bregenz, links vom Bundesdenkmalamt hinter der Mauer | ÖPNV Bus 12c, 12d, Haltestelle Bregenz Thalbachgasse und über Treppe in die Oberstadt oder 15 Minuten zu Fuß vom Bahnhof Bregenz-Hafen | Anfahrt über Thalbachgasse und Amtstorstraße in die Oberstadt, vor dem Bundesdenkmalamt parken | Öffnungszeiten tagsüber geöffnet, wer das Bundesdenkmalamt samt Gefängniszelle besichtigen möchte, kann dies nach vorheriger Anmeldung tun: vorarlberg@bda.gv.at, Tel. 05574/42101 | Tipp Unweit der Oberstadt in der Gallusstraße 10 steht das Künstlerhaus Palais Thurn und Taxis mit wechselnden Ausstellungen zeitgenössischer Künstler. www.kuenstlerhaus-bregenz.at, Di–Sa 14–18 Uhr, So 11–17 Uhr

25 Die Talstation der Pfänderbahn

Zeitlose Funktionalität

Vom Pfänder hat man einen atemberaubenden Blick auf den Bodensee und die Berge. Dieses Panorama wollte ein Hotelier seinen Gästen anbieten und baute 1873 ein Hotel auf dem Gipfel. Doch der Fußweg war anstrengend und die Fahrt mit der Kutsche auch nicht komfortabel, weshalb die Gäste ausblieben und das Hotel zusperren musste. Aus der Pleite kaufte es Ferdinand Kinz, Weinstubenbesitzer in der Bregenzer Kirchstraße. Er installierte eine Telefonleitung, über die er die hoteleigenen Maulesel rufen konnte, welche die Gäste auf den Pfänder brachten. Aber als Dauerlösung waren vier Maulesel auch nicht geeignet, und es gab Überlegungen, wie man die Gäste von Bregenz hinaufbefördern könne. Eine Dampfzahnradbahn via Gebhardsberg und Fluh, eine elektrische Straßenbahn, eine Wasserübergewichtsseilzugbahn oder eine elektrische Zahnradbahn wurden angedacht, teilweise sogar schon fast fertig geplant. Vor allem aus Kostengründen, aber auch, damit man die Trasse im Winter nicht vom Schnee befreien muss, entschied man sich für eine Luftseilbahn. Anfänglich verspottet, war die damals neue Technik sehr erfolgreich. Vor allem für die Architektur der »Bahnhöfe« gab es noch kaum Vorbilder, und man beauftragte den renommierten Architekten Willibald Braun mit den Stationen.

Nach seinem Studium in Biberach zog es den Württemberger nach Bregenz, wo er 1906 sein Architekturbüro eröffnete. Sich vom Jugendstil distanzierend, ist sein Stil von Versachlichung nach der Idee des Deutschen Werkbundes geprägt. Die Pläne vieler Vorarlberger Wohnsiedlungen und Zweckbauten, aber auch Villen entstanden in seinem Büro, so auch die Talstation der Pfänderbahn. Durch einen Schiebebahnsteig in der Mitte konnte die Pfänderbahn auch nach der Renovierung 1995 mit den im Vergleich zu vorher riesigen Kabinen einfahren, weshalb das Gebäude, das heute auch ein kleines Museum beherbergt, erhalten geblieben ist.

Adresse Steinbruchgasse 4, 6900 Bregenz | **ÖPNV** Bahnhof Bregenz-Hafen oder Bus 1, Haltestelle Bregenz Pfänderbahn | **Anfahrt** vom großen Kreisverkehr am Hafen in die Schillerstraße und entweder direkt an der Pfänderbahn, in der Belruptstraße oder im Parkhaus der Pfänderbahn parken | **Tipp** Im Restaurant Zeigerle unweit der Talstation in der Belruptstraße 46 lässt es sich in schönem Ambiente gut speisen. www.zeigerle.at, Mo, Mi–Fr 17–24 Uhr, Sa, So 11.30–14 und 17–24 Uhr

26 Das Widerstandsmahnmal

Erinnerung an die Helden der Widersetzlichkeit

Leise rattert die Fallblattanzeige in regelmäßigen Abständen auf dem Sparkassenplatz. Das Geräusch erinnert an eine Bahnhofsanzeige, sie zeigt aber keine Destinationen und keine Abfahrtszeiten. Sie zeigt Namen und Schicksale von Menschen, die zwischen 1938 und 1945 in einem brutalen und menschenverachtenden Regime Menschlichkeit zeigten und während der nationalsozialistischen Diktatur Widerstand leisteten oder sich dem System widersetzten. Der Begriff Widerstand steht hier für Handlungen, die versuchten, dem NS-System zu schaden oder es gar zu zerstören. Es wurden aber auch andere Taten als »staatsgefährdend« eingestuft, die nicht unbedingt aus oppositioneller Absicht geschahen, sondern aus reiner Menschlichkeit. Diese sogenannte Widersetzlichkeit hatte viele Ursachen, beispielsweise wenn man sich aus religiöser oder schlicht humanitärer Überzeugung den Regeln der Diktatur widersetzte und nicht mitmachen wollte.

Auch gegen diese Menschen wurde mit voller Härte vorgegangen. Alleine die Bregenzer Gestapo verhörte 10.000 Menschen und sperrte 6.000 ein. Davon wurden mindestens 120 in Konzentrationslager verschleppt, 80 wurden hingerichtet, ermordet oder in den Tod getrieben.

Stellvertretend für alle, die ihren Gehorsam verweigerten, wurden 100 Menschen aus Vorarlberg ausgewählt, die im Widerstandsmahnmal der kärntnerisch-slowenischen Künstlerin Nataša Sienčnik verewigt wurden. In alphabetischer Reihenfolge und ohne Hierarchie oder Gewichtung werden die Namen und ihre Taten der Menschlichkeit angezeigt, für die sie büßen mussten. In einer maschinellen Endlosschleife ohne Anfang und Ende werden immer wieder die Namen gezeigt. Sie steht dafür, dass Erinnerung und Menschlichkeit unaufhörlich weitergehen müssen, wie auch Ágnes Heller, Überlebende des Holocaust, in ihrer beeindruckenden Festrede zur Einweihung am 14. November 2015 einforderte.

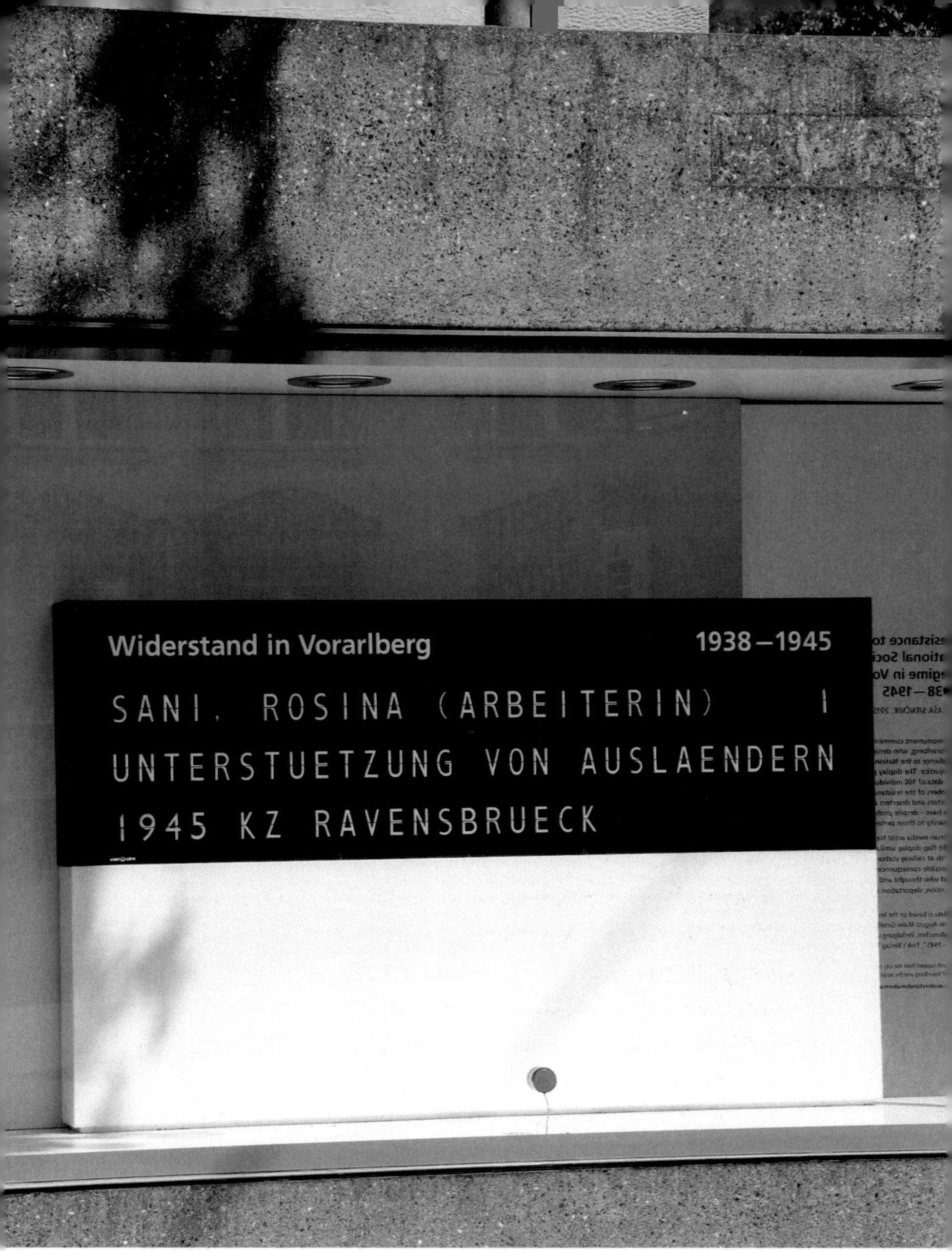

Adresse Sparkassenplatz, 6900 Bregenz, www.widerstandsmahnmal-bregenz.at | **ÖPNV** Bahnhof Bregenz oder Bregenz-Hafen, Bus 1, 10, 19, Haltestelle Bregenz Inselstraße/Kornmarkt | **Anfahrt** Parken in der Bahnhofstraße | **Öffnungszeiten** Betrieb 6 – 23 Uhr | **Tipp** Das Il Monello ist eines der besten italienischen Restaurants weit und breit. Anton-Schneider-Straße 3, www.il-monello.at, Mo 18 – 22 Uhr, Di – Sa 18 – 23 Uhr, unbedingt reservieren unter Tel. 05574/52656

27 Die Textilfabrik Lünersee

Hier haucht man der Geschichte neues Leben ein

Es ist nicht immer einfach, die Erhaltung schützenswerter Gebäude und wirtschaftliche Interessen unter einen Hut zu bringen. In Bürs befürchtete man einen zu großen wirtschaftlichen Schaden, wenn man diese riesige leere Fabrik mitten im Bürser Gewerbepark stehen lässt. Aber Bürs hat bewiesen, dass es funktioniert und dass alle Beteiligten glücklich sind.

Dass die ehemalige Textilfabrik überhaupt unter Schutz gestellt wurde, liegt an der wichtigen Vorarlberger Textilindustrie, die das Land prägte. Zu viele dieser monumentalen Zeitzeugen sind bereits verschwunden, weshalb es dem Bundesdenkmalamt ein besonderes Anliegen war, eines der letzten zu schützen.

Die Geschichte der Bürser Textilindustrie begann mit einer Katastrophe. Durch Murenabgänge zu Beginn des 19. Jahrhunderts wurden die einst guten Böden für die Landwirtschaft unnütz, weshalb man sich über die Ansiedelung von Industrie freute. Die Spinnerei Getzner, Mutter & Cie., heute eines der größten Unternehmen Vorarlbergs, eröffnete 1838 die Textilfabrik Lünersee, die bis heute eine wechselvolle Geschichte erzählt – etwa über die streikenden Arbeiter, die 1908 den Zehn-Stunden-Tag erkämpften. Zwischenzeitlich wurden auch Rüstungsgüter produziert. 1998 wurde die 1985 stillgelegte Fabrik verkauft, der neue Eigentümer war aber nur am Grundstück interessiert. Durch die kooperative Intervention des Denkmalamtes konnte der Abriss verhindert werden, und durch unterschiedliche Mieter zog wieder Leben in die alte Fabrik ein.

Typische Elemente wurden erhalten, und auch der ursprünglich offene Charakter lässt sich aufgrund von Glaswänden nachvollziehen. Sogar dem Schornstein wurde durch eine Lichtinstallation neues Leben eingehaucht. Besonderen Wert legte man auf die Renovierung der über 400 Fenster und der Holzsäulen, die in »Maschinengrün« leuchtend den Charakter des 19. Jahrhunderts in die modernen Büros bringen.

Adresse Hauptstraße 4, 6706 Bürs | **ÖPNV** Bus 81, Haltestelle Bürs Lünerseepark | **Anfahrt** Autobahn A 14 bei Bludenz-Bürs verlassen und Richtung Bürs fahren. Nach dem zweiten Kreisverkehr steht man schon vor dem Gebäude | **Tipp** Die Inneneinrichtung der Pfarrkirche Bürs ist eine spannende Mischung aus (Neu-)Gotik und Barock. Kirche St. Martin, Obergasse 4a, 6706 Bürs

28 Der Paarhof Buacher

Eine wortwörtlich bewegte Geschichte

Glücklicherweise ist das Brandnertal vom Massentourismus noch weitestgehend verschont geblieben. Vor allem die Gemeinde Bürserberg zählt zu den Geheimtipps. Dabei liegt der Ort, der in jeder Jahreszeit einen Besuch wert ist, nur wenige Autominuten von Bludenz entfernt.

Begonnen hat die Besiedelung 1347, als sich zwölf Walserfamilien am »rauhen und wilden Berg« niederließen, wie aus einer Urkunde hervorgeht. Inzwischen ist die Gemeinde gewachsen, und trotz touristischer Infrastruktur blieb der Charakter des schönen Bergdorfes erhalten. Doch bevor sich die ersten Touristen die Skibretter unter die Füße schnallten, lebten die Bürserberger über Jahrhunderte von der Land- und Holzwirtschaft. Mit dem hier geschlägerten Holz wurden sogar Schiffe für Napoleons Flotte für die Seeschlacht bei Abukir gebaut. Dass Frankreich die Schlacht gegen England verlor, lag aber sicher nicht am Holz aus dem Schesagebiet.

Die wechselvolle Geschichte des Ortes wurde 1986 von einigen Frauen aus dem Dorf aufgearbeitet. Zur 250-Jahr-Feier der Kirche organisierten sie eine Ausstellung über die alten Zeiten. Diese Ausstellung war so beliebt, dass der Ruf nach einem eigenen Museum laut wurde, und ein geeigneter Ausstellungsraum wurde schnell gefunden. Man entschied sich für einen für Vorarlberg typischen Paarhof, einem Hof bestehend aus einem Wirtschafts- und einem Wohngebäude. Der auserkorene schöne Paarhof hatte nur ein Problem: Er stand recht abseits im Ortsteil Tschapina-Buacher.

Also wurde das gesamte Haus Stück für Stück abgetragen und in der zwei Kilometer entfernten Parzelle Matin wieder aufgebaut. Der ganze Ort half mit, und so sind auch alle Exponate Geschenke und Leihgaben der Bürserberger. Gelungener und origineller als durch ein Haus, das nach Bürserberg gewandert ist, kann man die Geschichte der aus der Schweiz ausgewanderten Walser nicht versinnbildlichen.

Adresse Heimatmuseum Paarhof Buacher, Matin 17, 6707 Bürserberg, www.brandnertal.at | **ÖPNV** Bus 81, Haltestelle Bürserberg Museum | **Anfahrt** Autobahn A 14 Ausfahrt Brandnertal, bis Bürserberg fahren und dort der Beschilderung bis zum Museum folgen | **Öffnungszeiten** Mitte Mai–Mitte Okt. Do 15–18 Uhr | **Tipp** Bürserberg ist nicht nur ein Wander- und Skiparadies, sondern hat auch einen ausgezeichneten Bikepark. www.bikepark-brandnertal.at

29 Die Steinkreise

Das postprähistorische Alpen-Stonehenge

Das Spannende an den Monumenten megalithischer Kulturen ist, dass man bis heute nicht genau weiß, welchen Zweck die Steine erfüllen. Da es sich um verschiedene Kulturen und Epochen handelt, ist es auch unwahrscheinlich, dass alle Dolmen, Menhire und Steinkreise aus denselben Gründen errichtet wurden. Man vermutet, dass die großen Steine – megas lithos auf Griechisch – als Kult,- Gerichts- oder Opferstätte, Kalender, Wegweiser oder gar Fruchtbarkeits- und Phallussymbol dienten. Die Steinkreise auf dem Tschengla-Plateau Bürserberg dienen höchstwahrscheinlich einem für die Megalithkultur eher unüblichen Zweck, dem Tourismus.

Mitten im herrlichen Wandergebiet oberhalb von Bürserberg im Brandnertal wurden im Jahre 2003 Steinkreise entdeckt. Man glaubte an einen sensationellen Zufallsfund aus dem Neolithikum. Bekanntlich kann der Glaube Berge versetzen und der Bagger Steine. So geschehen in Bürserberg. Aber welchen Hintergrund hat diese außergewöhnliche Investition in den Tourismus?

Das Straßenbauamt beauftragte einen Energiearbeiter, eine berüchtigte Unfallstelle auf der Klostertal-Schnellstraße zu entschärfen. Neben riesigen Warnschildern will man alles versuchen, um die häufigen tödlichen Unfälle zu verringern. Während seiner Arbeit entdeckte der Energiearbeiter mit Hilfe seines Pendels eine Energieader, deren Ursprung wohl auf dem Tschengla-Plateau liegt. Das ganze Plateau ist von Findlingen des ehemaligen Illgletschers übersät, und wenn man einige zurechtrückt, entstehen Steinkreise, die viele Esoteriker und interessierte Wanderer anziehen. Und wenn sich diese Menschen daran erfreuen und die Energie der »Raetia-Steine« spüren, bewirkt das ja nur Gutes.

Wer weiß, vielleicht wurden vor 5.000 Jahren Stonehenge oder Carnac auch aus touristischen Gründen errichtet? Und was werden Forscher in 5.000 Jahren über die Steinkreise in Bürserberg herausfinden?

Adresse Auf dem Tschengla-Plateau, 6707 Bürserberg | **ÖPNV** Bus 81, Haltestelle Bürserberg Museum. Von dort eine gute Stunde zu Fuß (ausgeschildert) oder mit dem »Tschengla-Bus« | **Anfahrt** Autobahn A 14 Ausfahrt Brandnertal, bis Bürserberg fahren und dort der Beschilderung »Steinkreise« folgen. Parken auf dem Wanderparkplatz Tschengla möglich. Von dort rund 20 Minuten zu Fuß (ausgeschildert) | **Tipp** Wem die Energie aus den Steinkreisen für die Wanderungen nicht ausreicht, kann in der Alpe Rona mit köstlichen Jausen nachtanken. Käse gibt es aus der hauseigenen Schausennerei. Knappe 10 Gehminuten vom Wanderparkplatz entfernt. www.alpe-rona.at, Ende Mai – Mitte Sept. täglich 7 – 19 Uhr

30 Das Rokoko-Orgelgehäuse

Ein wohlklingendes Kunstwerk in der Pfarrkirche

Dalaas ist ein schön gelegener Ort auf der Sonnenseite des Klostertals. Bereits um 1300 entstand hier eine Bergbausiedlung. Im Ortsteil Danöfen wurde das Eisen aus dem Bergwerk in Bartholomäberg gehüttet. Heute lebt der Ort hauptsächlich vom Tourismus.

Hier lohnt es sich besonders, wenn man die Schnellstraße verlässt und den Umgehungstunnel umgeht. Anschließend folgt man der Beschilderung zum Bahnhof. Hier halten schon seit Jahren keine Züge mehr, trotzdem winkt einem ein ÖBB-Mitarbeiter aus dem Bahnhofsgebäude, wenn man mit dem Zug an Dalaas vorbeifährt. Ist man am Bahnhof angelangt, hat man das Schmuckstück des Ortes schon passiert, denn das von außen unscheinbare Kirchlein mit dem roten Zwiebelturm birgt einen wahren Schatz.

Das Kirchengebäude wurde um 1500 im gotischen Stil erbaut, von dem man noch einige Elemente wie die Spitzbogenfenster erkennen kann. Die Barockisierung der Kirche begann im 17. Jahrhundert, als man den gotischen Marienaltar durch den barocken Rosenkranzaltar ersetzte, und wurde 1792–1793 mit einer groß angelegten Restaurierung und Renovierung beendet. Der Zwiebelturm kam gemeinsam mit der Orgel als letztes Element der Erneuerung hinzu. Zu dieser Zeit war der Barock bereits aus der Mode gekommen, der Klassizismus stand schon in den Startlöchern. Die Stilrichtung dazwischen ist das Rokoko, und genau in diesem Stil wurde das Orgelgehäuse in der Pfarrkirche des heiligen Oswald gebaut. 1909 wurde die Orgel vom berühmten Vorarlberger Orgelbauer Anton Behmann umgebaut. Die vor allem klanglich in die Jahre gekommene Orgel wurde 1995 schließlich unter Verwendung des originalen Orgelgehäuses neu errichtet und erstrahlt wieder ganz im Glanze des Rokoko. Konzerte finden selten statt, aber wenn, dann lohnt sich der Umweg nach Dalaas ganz besonders.

Adresse Pfarrkirche St. Oswald, Bahnhofstraße, 6752 Dalaas | **ÖPNV** vom Bahnhof Bludenz mit Bus 90, Haltestelle Dalaas Kristbergsaal, von dort 15 Minuten zu Fuß auf der Bahnhofstraße | **Anfahrt** von der S 16 in Dalaas abfahren und ins Dorfzentrum, dann in Bahnhofstraße abbiegen, Gemeindeamt und Bahnhof ausgeschrieben | **Tipp** Das sympathische und gepflegte kleine Schwimmbad im Dorfzentrum bietet in den heißen Sommermonaten eine erfrischende Abkühlung, 9.30–19 Uhr im Sommer und bei Schönwetter.

31 Das Klostertalmuseum

Das authentischste Heimatmuseum im Thöny-Hof

Das Leben im rauen und unwirtlichen Klostertal war geprägt von Naturkatastrophen und einer schwierigen wirtschaftlichen Lage. Dies führte zu einem starken Gottesglauben, der den Klostertalern Halt bot.

Im bis ins 13. Jahrhundert St. Marienthal genannten Alpental stifteten die Johanniter ein Hospiz – »Klösterle« – für arme Leute, weshalb der Ort und das Tal heute so heißen. Die Frömmigkeit ist in der Bevölkerung heute noch sehr präsent, weshalb 1959 Valentin Thöny seine Heimat verließ, um in Innsbruck Theologie zu studieren. Seinen zu einem Einhof umgebauten Paarhof ließ er so stehen, wie er ihn verlassen hatte.

In den 1980er Jahren kam der Wunsch auf, der Geschichte des Klostertals Raum zu schaffen. Auf der Suche nach einem geeigneten Gebäude stieß man auf den leeren Thöny-Hof und fand das ideale Ambiente für ein Museum. Durch den langen Leerstand hatte der Hof nicht nur seinen ursprünglichen Charakter, sondern auch sein Innenleben erhalten. 80 Prozent der Ausstellungsgegenstände sind original aus diesem Haus.

Dem Museumsverein ist es wichtig, die Geschichte des Tals schnörkellos und selbstreflektierend darzustellen. Deshalb findet man auch keinen Museumsshop, in dem die junge Praktikantin im Dirndl Enzianschnaps und Kuckucksuhren verkauft, sondern einen authentischen Einblick in das Leben der von harter Arbeit geprägten Bevölkerung.

Durch die vielen original eingerichteten Räumlichkeiten erfährt man viel über den Alltag im Klostertal. Das reicht von Handwerk über Kunst – man beachte die spätbarocken Deckengemälde – bis zum Glauben, der hier in all seinen Facetten inklusive Exorzismus und Hexenverfolgung beleuchtet wird. Ein Schwerpunkt ist die Geschichte der Arlbergbahn, die das Leben im Klostertal 1880 schlagartig verändert hat und heute noch prägt.

Adresse Haus Nummer 11, Obere Gasse, 6752 Wald am Arlberg, www.museumsverein-klostertal.at | ÖPNV Bus 90, Haltestelle Wald a. A. Außerwald, von dort zu Fuß ein kurzes Stück Richtung Ortsausgang und dann rechts hoch, danach wieder rechts, und dann ist das Museum auf der linken Seite | Anfahrt Schnellstraße S 16 in Wald am Arlberg verlassen, Richtung Wald fahren, bei der großen Einmündung rechts, gleich links in die kleine Straße, dann wieder links | Öffnungszeiten Mai–Okt. Mi, So 14–17 Uhr | Tipp Bevor man zurück auf die Schnellstraße fährt, sollte man unbedingt einen Abstecher zum Seestüble machen. Das kürzlich renovierte Restaurant bietet regionale Spezialitäten in rustikal-modernem Ambiente mit »See«-Blick. Seestüble Klösterle, Danöfen 115b, 6754 Klösterle, www.seestueble.at, Di–Sa 11–23 Uhr, So 10–22 Uhr

32 Der glockentragende Teufel

Die Legende eines Walliser Bischofs

Die kleine Gemeinde Damüls, eingebettet zwischen dem Bregenzerwald, dem Laternsertal und dem Großen Walsertal, ist in erster Linie für herrliche Skipisten bekannt. Trotzdem lohnt ein Abstecher in die Pfarrkirche, dort erfährt man von ihrer bewegten Geschichte.

Im 13. und 14. Jahrhundert verließen viele Familien das Schweizerische Wallis und besiedelten – nun als Walser bekannt – weite Gebiete im Alpenbogen, unter anderem Vorarlberg. Das Große Walsertal und das Kleinwalsertal tragen diesen Teil der Vorarlberger Geschichte noch im Namen. Damüls war eine der ersten Walsersiedlungen in Vorarlberg, und die Walser nahmen neben Hab und Gut auch Dialekt und Traditionen mit, darunter ihren Landespatron, den heiligen Theodul.

Der Legende nach sah Bischof Theodul den Teufel, der sich darüber erfreute, dass der Papst bald eine Sünde begehen würde. Um den Papst zu warnen, befahl der Bischof dem Teufel, ihn nach Rom zu tragen. Der Teufel versuchte unterwegs, Theodul auch zu einer Sünde zu verleiten, aber der Bischof blieb standhaft. Beim Papst angekommen, freute sich dieser, dass Theodul ihn vor einer Sünde bewahrt hatte, und schenkte ihm eine Glocke. Diese schwere Glocke musste der Teufel zurück nach Sitten im Wallis tragen, jedoch warf er sie aus Zorn in Mailand zu Boden, wo sie in tausend kleine Stücke zersprang. Aus diesen Fragmenten wurden dann jeweils neue Glocken gegossen.

In Erinnerung an den Schutzpatron der Walser, der Glocken, des Wetters und des Viehs wurde in der Damülser Pfarrkirche eine Theodul-Statue errichtet, den kleinen glockentragenden Teufel zu Füßen. Nicht unerwähnt bleiben sollen auch die erste Orgel von Anton Behmann und die spätmittelalterlichen Fresken im ursprünglich gotischen und später barockisierten Kircheninneren. Diese sogenannte Armenbibel wurde 1950 freigelegt und zeigt die Passion Christi sowie das Jüngste Gericht samt Fegefeuer.

Adresse Pfarrkirche St. Nikolaus, Kirchdorf, 6884 Damüls | ÖPNV vom Bregenzerwald mit Bus 43, Haltestelle Damüls Kirchdorf, von Bludenz und Feldkirch mit Bus 73 nach Thüringen und von dort mit Bus 77, Haltestelle Damüls Kirchdorf | Anfahrt von Bludenz über das Große Walsertal bzw. vom Bregenzerwald über Au auf der L 193 bis Damüls, Abzweigung Richtung Laterns nicht verpassen, oder von Laterns über das Furkajoch (schöne Rennrad- oder Motorradstrecke!) auf der L 51. Parken bei Touristeninformation | Tipp Das FIS Skimuseum unterhalb der Kirche erzählt über die 130-jährige Geschichte des Vorarlberger Skisports, Di, Fr 15–18 Uhr.

33 Die Achfurt

Eine besondere Flussüberquerung

Südlich der Ortschaft Ebnit entspringt die Dornbirner Ach, die Aorta der größten Stadt Vorarlbergs. Sie durchquert das Gemeindegebiet von Süd nach Nord, fließt dabei durch die Alploch- und Rappenlochschlucht und wird dazwischen als See aufgestaut. Ab dem Gütle durchfließt die Ach bebautes Gebiet und wird von mehreren Brücken und Stegen überquert.

Eine besondere Überquerungsmöglichkeit findet man im Naherholungsgebiet Achauen am nordwestlichen Stadtrand. Trotz des Namens handelt es sich bei der Achfurt inzwischen nicht mehr um eine Furt im herkömmlichen Sinne, denn in den 1940er Jahren wurde die Flussüberquerung befestigt. Dazu wurde der Fluss durch Betonröhren unter der Straße hindurchgeführt, was aber durch das geringe Schluckvermögen trotzdem zu häufigen Überschwemmungen führte. Die Achfurt war dann unpassierbar, und das nach starkem Regen mitgeführte Geschiebe beschädigte immer wieder die Straße. Nach dem heftigen Hochwasser 2005 wurde die Furt erneut grundsaniert und die Betonröhren durch Hohlkästen ersetzt, was die Sicherheit erhöhte. Da die Furt gleichwohl dafür ausgelegt ist, bei Hochwasser überflutet zu werden, wird in einem solchen Falle die Straße durch Schranken versperrt, damit Autofahrer nicht vom Wasser mitgerissen werden.

Kommt man trotz der Schranken vom Weg ab, hilft neben dem allgemeinen Notruf vielleicht auch ein Anruf beim heiligen Christopherus, dem Schutzpatron der Reisenden und Autofahrer. Um vor Unheil unterwegs verschont zu werden, reicht den Gläubigen ein Blick auf eine Darstellung des Christus-Trägers. Praktischerweise wurde aufgrund der unmittelbaren Nähe zur Achfurt die 1964 eröffnete Pfarrkirche in Rohrbach dem heiligen Christopherus geweiht. Seitdem schützt das überlebensgroße Metallabbild des Schutzpatrons auf der straßenseitigen Kirchenwand die Reisenden auf dem Weg über die Ach.

Adresse Rohrbach, 6850 Dornbirn | **ÖPNV** Bus 5, Haltestelle Achfurt, Bus 52a, Haltestelle Furt, oder Bus 6, Haltestelle Friedhof Rohrbach | **Anfahrt** Autobahn A 14 bei Dornbirn-Süd in Richtung Dornbirn Zentrum verlassen, bei der ersten Ampel gleich nach dem großen Kreisverkehr links abbiegen, am Ende der Straße wieder links und die erste Möglichkeit nach rechts | **Tipp** Die Achauen laden zum Radfahren, Joggen und Spazieren ein. Für die, die beim Sport hungrig oder durstig werden, hilft die beliebte Jausenstation Obst-Guat zum Steirer weiter. Forachstraße 117, 6850 Dornbirn, Di–Sa 14–23 Uhr, So 10–22 Uhr

34_Die Dampfmaschine

Die letzte ihrer Art

Die Ursprünge der Vorarlberger Textilwirtschaft lassen sich schwer bestimmen. Einige Forscher sehen sie bereits im Bevölkerungswachstum des Hochmittelalters, als ein Teil der Bevölkerung von der Selbstversorgung abkam und sich spezialisierte. Mitte des 18. Jahrhunderts ersetzte die Baumwolle das Leinen, und sogenannte Verleger begannen Bauern mit Lohnaufträgen zu versorgen. Der »Fergger« genannte Mittelsmann brachte Stoffe und Garn zu den Bauern und holte die verarbeiteten Textilien wieder ab. In ihren eigenen vier Wänden arbeitete die gesamte Bauernfamilie neben den Aufgaben am Hof für einen Hungerlohn.

In Folge entstanden Textilmanufakturen und im 19. Jahrhundert die ersten Textilfabriken. Rasch entwickelte sich Vorarlberg zu einem wichtigen Textilexportland. Fabriken schossen wie Pilze aus dem Boden, und die Textilindustrie wurde zum dominierenden Wirtschaftszweig im Ländle mit vielen Beschäftigten, zu denen bis 1918 auch jede Menge Kinder zählten, die bis zu 14 Stunden am Tag arbeiten mussten.

Neben prekären Beschäftigungsverhältnissen hatte die Textilindustrie mit einem weiteren Problem zu kämpfen: der Energie. Die Plätze in der Nähe des größten Vorarlberger Energieversorgers, den Flüssen, waren rar. Da kam die Erfindung der Dampfmaschine gerade recht.

Auch die einst wichtige und inzwischen historische Firma Franz M. Rhomberg setzte neben der Wasserkraft aus dem Müllerbach auf die Dampfmaschine und ließ sich 1858 von der Firma Kuhn aus Stuttgart eine bauen. Diese Dampfmaschine Kuhn No. 100 war 63 Jahre lang in Betrieb, und dass sie heute noch existiert, ist auf das Engagement des Vorarlberger Technischen Vereins zurückzuführen, dessen Arbeitsgruppe Dampfmaschine das Relikt aus der industriellen Revolution in 3.500 Arbeitsstunden unter Aufsicht des Denkmalamtes liebevoll restaurierte. Dadurch konnte die letzte Woolfsche Balanciermaschine Österreichs gerettet werden.

Adresse auf dem Gelände der Firma Zumtobel, in der Glasvitrine an der Straße, Schmelzhütterstraße 26, 6850 Dornbirn | **ÖPNV** Bus 7, Haltestelle Egetensteg, Bus 1, 351, Haltestelle Steggasse oder 15 Minuten zu Fuß vom Hauptbahnhof Dornbirn, Bahnhof Dornbirn-Schoren oder 10 Minuten zu Fuß vom Stadtzentrum | **Anfahrt** von der L 190 auf Höhe der Sägerbrücke gegenüber der Fachhochschule in die Marktstraße abbiegen und immer links halten | **Tipp** In der Stadtpfarrkirche St. Martin befindet sich die von Josef Behmann erbaute größte Orgel Vorarlbergs mit 72 Registern, davon vier seltene Hochdruck-Register. Marktplatz 1, 6850 Dornbirn

35 Die eklektizistischen Villen

Wo die Textilfabrikanten wohnten

Liegt im Rheintal wieder einmal dichter Nebel, flüchten viele Dornbirner aufs Bödele, wo die Sonne herrlich scheint. Startet man im Dornbirner Stadtzentrum, fährt man auf der nach dem langjährigen Bürgermeister und Ehrenbürger benannten Dr.-Waibel-Straße hinauf, die zur kurvigen Bödelestraße übergeht. Dabei durchquert man ein ganz besonderes Villenviertel.

Während sich in Europa um 1900 viele Architekten von historischen Formvorbildern abwenden und durch neuartige Formen und Dekorationselemente den Jugendstil entstehen lassen, setzt der Vorarlberger Baumeister Josef Anton Albrich auf bekannte Stile unterschiedlicher europäischer Regionen. Obwohl seine Villen in der Dr.-Waibel-Straße alle gegen Ende des 19. Jahrhunderts erbaut wurden, unterscheiden sie sich deutlich in ihrem Baustil. Dadurch entstand das bedeutendste eklektizistische Ensemble Vorarlbergs, dessen Gebäude heute unter Denkmalschutz stehen.

Das Haus Nummer 11 erinnert mit seinen runden Fenstern im Mansarddach an eine französische Villa, während Nummer 12 mit seiner roten Backsteinfassade auf die englische Villenarchitektur anspielt. Dieser Einfluss stammt vom ersten Bewohner der Villa, Otto Hämmerle, der in Manchester und Liverpool studierte. Seine Nachfahren wohnen heute noch in dieser Villa.

Nummer 14 ist das markanteste Gebäude des Ensembles und unter dem Namen Villa Guntram Hämmerle bekannt. Er war der jüngste Sohn des Gründers von F. M. Hämmerle, dem einst größten Textilunternehmen Österreichs. Nach seiner Hochzeit beauftragte er Josef Anton Albrich mit dem Bau einer schon fast feudalen Villa. Inmitten einer Parkanlage mit exotischen Pflanzen entstand eine romantische Burg im altdeutschen Stil mit Palas und Bergfried, mit einem verspielten Dach sowie einer beachtlichen Fassadenbemalung.

Adresse Dr.-Waibel-Straße, 6850 Dornbirn | **ÖPNV** Bus 38, Haltestelle Dornbirn Altes Rathaus oder Schloßgasse, Bus 2, 3, 22, 23, 47, 50, 52, Haltestelle Dornbirn Rathaus, Bus 9, 10, Haltestelle Kulturhaus oder Hafnergasse oder etwa 20 Minuten zu Fuß vom Bahnhof Dornbirn | **Anfahrt** auf der L 190 ins Zentrum von Dornbirn fahren und auf der Höhe des Rathauses in Richtung Bregenzerwald, Bödele abbiegen oder in der Tiefgarage beim Kulturhaus parken | **Öffnungszeiten** Da alle Villen bewohnt sind, ist eine Innenbesichtigung nicht möglich. | **Tipp** Am Anfang der Dr.-Waibel-Straße befindet sich das Biermuseum der Mohrenbrauerei. Dr.-Waibel-Straße 2, 6850 Dornbirn, www.mohrenbrauerei.at, Do 10–20 Uhr, Fr, Sa 10–18 Uhr, So 10–17 Uhr

36 Das Fresko in der Karren-Bergstation

Ländliche Szenen und ein Stadtpanorama

Die Dornbirner Bevölkerung ist sehr verbunden mit ihrem Hausberg, dem Karren. Der Name rührt von den hier vorkommenden Rinnen im Kalkgestein, die vom Wasser geformt wurden und Karren genannt werden. Die Idee, per Seilbahn auf den Berg zu kommen, stammt aus derselben Zeit wie die Anfänge der Pfänderbahn, es dauerte allerdings bis nach dem Zweiten Weltkrieg, bis sie – mit finanzieller Unterstützung aus dem Marshallplan – realisiert wurde.

Steigt man in die Kabine der Karrenseilbahn ein, überwindet man zuerst den Hügel am Mühlebach, wo die ursprüngliche Talstation geplant war. Kurz bevor man in die Bergstation einfährt, sieht man in der Felswand einen Stuhl und einen Bären.

Oben angekommen, haben unzählige Wanderungen ihren Ausgangspunkt, etwa auf den Staufen oder in die Rappenlochschlucht. Auch Hängegleiter starten aufgrund der hervorragenden Thermik ihre Flüge vom Karren. Wer die Aussicht ohne Drachen genießen will, kommt hier ebenfalls auf seine Kosten. Von einer Plattform inklusive Selfie-Point aus überblickt man das untere Rheintal und den Bodenseeraum. Oder man nimmt im Panoramarestaurant Platz.

Aufgrund der grandiosen Aussicht aus dem Neubau entgeht vielen Gästen ein Kunstwerk im ursprünglichen Gebäude, in der Victor-Hämmerle-Stube, benannt nach dem Dornbirner Textilfabrikanten, welcher der Seilbahngesellschaft den Grund für die Bergstation überließ. Das Fresko »Ländliche Szenen« stammt vom Vorarlberger Künstler Leopold Fetz und ist genau genommen eine Secco-Malerei, da sie 1956 auf den trockenen Putz gemalt wurde. Daneben schuf Fetz auch Fresken und Bleiverglasungen, die den öffentlichen Raum zieren, sowie Porträts und Holzschnitte. Thematisch blieb er seiner ländlichen Heimat treu, die er in schlichter Schönheit zum Ausdruck bringt.

Adresse Karrenseilbahn Bergstation, 6850 Dornbirn | ÖPNV Bus 8, 47, Haltestelle Dornbirn Karrenseilbahn | Anfahrt in Dornbirn von der L 190 oder L 204 kommend an der großen Kreuzung bei der Sägerbrücke der Beschilderung Gütle, Karrenseilbahn folgen, weiter mit der Seilbahn, oder man wandert hinauf | Öffnungszeiten Restaurant So – Do 9 – 23 Uhr, Fr, Sa 9 – 24 Uhr | Tipp Wer hochwandern möchte, kann an einem Automaten an der Talstation ein Ticket abholen, das man, oben angekommen, abstempelt. Somit weiß man, wie schnell man war, und hat eine kleine Erinnerung an die Wanderung auf »Dornbirns größtem Fitnessgerät«.

37 Kunstraum Dornbirn

Kunst und Natur

Die Idee, in der Vorarlberger »Groß«-Stadt der Natur einen besonderen Raum zu geben, geht auf den Textilfabrikanten Siegfried Fussenegger zurück, der neben seiner beruflichen Tätigkeit Fossilien sammelte und topografisch exakte großformatige Landschaftspanoramen malte. In seinen Bildern verschmelzen Kunst und Naturwissenschaft. In den 1930er Jahren hängte er seinen Beruf an den Nagel und eröffnete zuerst in der Fronfeste, später in der ehemaligen Viehmarkthalle ein naturgeschichtliches Museum, die spätere Vorarlberger Naturschau.

Bis 1984 wurden im Herzen Dornbirns in den Rüsch-Werken riesige Maschinen hergestellt. Nach der Geschäftsaufgabe lag eine große Fläche in bester Lage brach. 2003 entstanden auf dem ehemaligen Fabrikgelände der große Stadtgarten und das mit Abstand meistbesuchte Museum Vorarlbergs, die inatura, als Nachfolgerin der Vorarlberger Naturschau. Bei der Umgestaltung zur Oase im Stadtzentrum legte man Wert darauf, einige Gebäude zu erhalten, um den Charakter des Ortes zu bewahren. Ganz besonders trifft dies auf die ehemalige Montagehalle aus dem Jahr 1893 zu. Der großdimensionierte Raum, in dem damals riesige Turbinen-Laufräder und während der Weltkriege Rüstungsgüter von Kriegsgefangenen montiert wurden, bietet heute eine spannende Kulisse für zeitgenössische Kunst.

Drei- bis viermal im Jahr verwandelt sich die rohe Halle in ein begehbares Kunstwerk. Die Installationen setzen sich mit dem Thema Kunst und Natur auseinander. Namhafte Künstler wie Igor Sacharow-Ross, Tamara Grcic oder Not Vital lassen die Besucher mit ihren Kunstwerken über den Naturbegriff reflektieren. Doch auch junge und unbekannte Künstler erhalten die Möglichkeit, ihre Ideen umzusetzen. Dabei gibt es keinerlei Vorgaben, welche Medien verwendet werden dürfen. Die einzige Einschränkung ist die Dimension des Raumes, in und mit dem die Kunstwerke entstehen.

Adresse Jahngasse 9, 6850 Dornbirn, www.kunstraumdornbirn.at | **ÖPNV** Bus 7, Haltestelle Dornbirn inatura, Bus 1, 351, Haltestelle Dornbirn Steggasse, Bus 2, 3, 22, 23, 47, 50, 52, Haltestelle Dornbirn Stadtbad oder rund 15 Minuten zu Fuß vom Hauptbahnhof oder Bahnhof Schoren | **Anfahrt** von der L 190 auf Höhe der Sägerbrücke gegenüber der Fachhochschule in die Marktstraße abbiegen, dann links halten und später in die Jahngasse abbiegen, »inatura« ausgeschildert | **Öffnungszeiten** Mo–So 10–18 Uhr | **Tipp** Wenn man schon hier ist, empfiehlt es sich, auch die inatura zu besichtigen, das bedeutendste Naturmuseum im Bodenseeraum. Das Ticket für die inatura gilt auch für den Kunstraum. Jahngasse 9, 6850 Dornbirn, www.inatura.at, Mo–So 10–18 Uhr

38 Die Schaufelschluchtbrücke

Spektakuläre Schlucht – schlichte Skulptur

Unspektakulär zweigt eine Straße vom Dornbirner Verkehrsknotenpunkt Sägerbrücke ab und klappert auf dem Weg in den Südosten der Stadt wichtige Sehenswürdigkeiten wie die Karrenseilbahn oder das Waldbad Enz ab. Kurz vor dem Erreichen des Gütle mit seinem Rolls-Royce-Museum führt eine Seitenstraße ins Ebnit. Dass es diese Straße in das ehemals schwer erreichbare Walserdorf überhaupt gibt, ist dem damaligen Pfarrer zu verdanken. Anfang des 20. Jahrhunderts sah er, wie immer mehr Menschen aus dem Ebnit ins Rheintal übersiedelten, und setzte sich deshalb für eine moderne Infrastruktur ein, welche die drohende Entvölkerung aufhalten solle. 1920 begann man mit dem Bau der Straße durch die Schlucht. Die Bauarbeiten im unwegsamen Gelände waren schwierig und teuer. So teuer, dass sich Ebnit bei Dornbirn hoch verschuldete und schließlich eingemeindet wurde.

Das Ergebnis ist eine wildromantische und kurvenreiche Straße durch die Dornbirner Schluchtenwelt mit einer Vielzahl von Kunst- und Sicherheitsbauten. Deren Instandhaltung ist teuer, zumal es immer wieder zu Felsstürzen kommt. Mit der Grundsanierung der gesamten nur neun Kilometer langen Straße wurde in den letzten Jahren begonnen. Mehrere Brücken mussten und müssen ersetzt werden, entweder weil deren Sanierung nicht wirtschaftlich ist oder aufgrund der Felssturzserie Anfang der 2010er Jahre, die einige Brücken mit in die Tiefe gerissen hat. Architektonisch auffallend sind drei Brückenneubauten aus Sichtbeton eines renommierten Vorarlberger Architektenbüros. Die spektakulärste dieser Brücken ist die Schaufelschluchtbrücke, welche die gleichnamige steile Schlucht in einer Kurve überwindet und in einem Naturtunnel endet. Auf das statische absolute Minimum reduziert, fügt sich die filigrane Halbbogenbrücke als Skulptur in die Landschaft ein und bildet einen schlichten Ruhepol inmitten bedrohlich wirkender Felsen.

Adresse Ebniterstraße, 6850 Dornbirn | **ÖPNV** zwischen den Haltestellen Alploch/Schmitter und Schanerloch der Buslinie 47 | **Anfahrt** in Dornbirn von der L 190 oder L 204 kommend an der großen Kreuzung bei der Sägerbrücke der Beschilderung Gütle, Karrenseilbahn folgen, kurz vor dem Gütle ausgeschilderte Abzweigung in Richtung Ebnit. Alle drei Brückenneubauten werden hintereinander überfahren. | **Tipp** Obwohl der Luftkurort Ebnit Ausgangspunkt für viele Wanderungen und Aktivitäten ist, gilt er als Geheimtipp und ist aufgrund der wenigen Übernachtungsmöglichkeiten vom Massentourismus verschont geblieben.

39 Der Riesenmammutbaum

Zu Besuch beim höchsten Baum Österreichs

Bäume schaffen es immer wieder, Menschen in ihren Bann zu ziehen. Sei es durch Mythologie, Legenden oder als Heilpflanze. In Mitteleuropa ist in diesem Zusammenhang wohl die Linde kulturgeschichtlich am präsentesten. Die Dorflinde als Ortszentrum spendete Schatten, in dem der neueste Klatsch ausgetauscht wurde. Auch wurde sie gerne umtanzt und besungen, wie im Kunstlied »Am Brunnen vor dem Tore« oder unlängst auch im rumänischen Chart-Hit »Dragostea din tei«.

Ist ein Baum besonders schön, landschaftsprägend oder selten, kann er als Naturdenkmal unter Schutz gestellt werden. Dornbirn besitzt eine Vielzahl solcher schützenswerter Bäume, deren Anerkennung als Naturdenkmal unter anderem auf das beherzte Engagement von Walter Krieg zurückgeht, der einst die Vorarlberger Naturschau leitete, aus dem die heutige inatura hervorging. Abgesehen von der eben erwähnten obligatorischen Dorflinde, von denen in Dornbirn sogar drei als Naturdenkmal deklariert wurden, findet man im Gütle den aktuell mit 58 Metern höchsten Baum Österreichs, den Riesenmammutbaum. In der Schillerstraße steht auch ein Exemplar, das mit über zehn Metern Umfang der dickste Baum Österreichs ist.

Nur wie kommt so ein Baum, der ursprünglich aus Kalifornien stammt und dort 100 Meter hoch und 3.000 Jahre alt werden kann, ins Gütle? Ende des 19. Jahrhunderts war es Mode, in Städten oder in den Gärten von Textilfabrikantenvillen exotische Bäume anzupflanzen. Viele kamen mit dem heimischen Klima nicht zurecht und überlebten nicht lange, der winterharte Mammutbaum fühlte sich hier aber wohl und wächst immer noch. Jener im Gütle wurde vom Textilfabrikanten Guntram Hämmerle 1893 aus Chicago importiert, als dieser die dortige Weltausstellung besuchte. Auch wenn sein Erbe, das einst größte Textilunternehmen Österreichs, insolvent wurde, so erfreut sich der Mammutbaum im Gütle bester Gesundheit.

Adresse Gütle, 6850 Dornbirn | ÖPNV Bus 47, Haltestelle Dornbirn Gütle | Anfahrt in Dornbirn von der L 190 oder L 204 kommend an der großen Kreuzung bei der Sägerbrücke der Beschilderung Gütle, Karrenseilbahn folgen, weiter Richtung Gütle, am Ende der Straße steht der Riesenmammutbaum | Tipp Das Gütle ist der Ausgangspunkt für die familienfreundliche Wanderung durch die wunderschöne Rappenloch- und Alplochschlucht und zum Kirchle.

40__Das Dünser Älpele

Jause mit Aussicht

Mit rund 150 Einwohnern und wahrscheinlich doppelt so vielen Kühen ist Dünserberg die kleinste Gemeinde Vorarlbergs, die einzige Gemeinde im Ländle ohne eigene Kirche. Die Volksschule, einst kleinste Schule Österreichs, wurde vor Kurzem geschlossen. Wer aber mit der Erwartung hierherkommt, das Dorf sei ausgestorben, wird schnell eines Besseren belehrt und findet ein wahres Wanderparadies mit vielen kleinen Schätzen, die es unterwegs zu erkunden gilt. Eines dieser Schätze ist das Dünser Älpele.

Wie der Name bereits erahnen lässt, ist es eine Alpe, und sie wird immer noch bewirtschaftet. Jeden Morgen wird die Milch in die Sennerei nach Schnifis gebracht. Die Alpe selber gehört aber der Gemeinde Düns, die auch die größte Grundeigentümerin in der Nachbargemeinde Dünserberg ist. Diese drei Gemeinden – Schnifis, Dünserberg und Düns – bilden zusammen die Dreiklangregion, ein Konzept, das den Zusammenhalt nach innen und den Auftritt nach außen stärken soll. An den Sehenswürdigkeiten der drei Orte wurden Infotafeln angebracht und durch Wander- und Spazierwege miteinander verbunden.

Einer dieser Wanderwege ist der Sagenwanderweg, der an der Bergstation der Seilbahn Schnifis seinen Ausgangspunkt hat. Der Weg führt an zwölf Tafeln vorbei, die lustige und gruselige Sagen aus der Region erzählen. An diesem Wanderweg liegt auch in unmittelbarer Nähe zum knapp 90 Meter hohen Sendeturm das Dünser Älpele, das nicht nur wie oben erwähnt die Tiere versorgt, sondern auch Wanderer. Es ist eine Jausenstation mit einem atemberaubenden Blick auf ungefähr 150 Berggipfel vom Säntis über den Rätikon, die Verwallgruppe und die Silvretta bis zum Lechquellgebirge. Und man darf sich gerne Zeit nehmen, um die Gipfel nachzuzählen oder um Karten zu spielen, während man hausgemachte Jausen probiert. Auf Vorbestellung serviert das Team auch gerne köstliche Kässpätzle mit eigenem Käse!

Adresse Haus 79, 6822 Dünserberg, www.dünser-älpele.at, Region Dreiklang: www.region-dreiklang.at | **ÖPNV** direkte Verbindung mehrmals täglich vom Bahnhof Schlins mit Bus 75a, Haltestelle Dünserberg Älpele | **Anfahrt** A 14 in Nenzing oder Frastanz verlassen und Beschilderung nach Satteins, Röns, Schnifis folgen. Entweder an der Talstation der Seilbahn parken oder über Düns Wanderweg Richtung Älpele bis Fahrverbotsschild folgen, von dort etwa 2,5 Kilometer zu Fuß | **Öffnungszeiten** Di – So 9 – 19 Uhr, teilweise auch im Winter, am besten vorher anrufen: Tel. 0664/1411842 | **Tipp** Folgt man dem Sagenwanderweg, erreicht man die Alpe Alpila, wo es neben Milch auch selbst gebrannten Schnaps gibt.

41 Der Wälderbähnle-Radweg

Fahr ma no a kläle

Wild tosend bahnt sich nach einem starken Regenguss die Bregenzer Ach den Weg durch das enge Schluchtenkorsett. Der Fluss galt als gefährlich, weshalb schon früh die ersten Brückenbauwerke errichtet wurden, von denen heute noch einige stehen. Wie bei Gewässern üblich war die Ach Feind und Freund gleichzeitig und beförderte bei Hochwasser im Bregenzerwald gefällte Holzstämme nach Bregenz. Freilich war diese Art des Transportes sehr verlustreich, und bereits Mitte des 19. Jahrhunderts gab es Überlegungen, eine Pferdeeisenbahn von Bregenz nach Au zu errichten. Nach anfänglichem Misstrauen wurde 1899 die Konzession für eine Bahn bis Bezau erteilt. Eine Verlängerung bis Schoppernau kam durch den Ausbruch des Ersten Weltkrieges nicht zustande. Bereits der Bau wurde durch Hochwasser und Erdrutsche verzögert, und als 1980 fast im Monatsrhythmus Strecken unterspült und verschüttet wurden, besiegelte dies das Ende der fünf Jahre später endgültig eingestellten Bahnlinie. Kurz darauf wurde auf einem Teilstück der Museumsbetrieb eröffnet.

Nachdem die restliche Strecke nach und nach der Verwitterung ausgesetzt war, entschied man sich, im Geiste der Zeit einen Radweg zu bauen, und dieser ist mehr als gelungen. Viel Geld wurde in die Hand genommen, damit man die wildromantische Schlucht mit dem Fahrrad erkunden kann. Die Trasse wurde mit einem solchen Aufwand revitalisiert, dass nur noch Gleise fehlen, damit das Wälderbähnle wieder fahren könnte. Nördlich endet der ausgebaute Radweg unterhalb von Doren, eine Weiterführung ist derzeit nur in der Ideenphase. Einige Höhenmeter überwindend kann man aber über Buch nach Bregenz fahren. Am anderen Ende ist der Radweg bis Schoppernau fertiggestellt. Die gesamte Strecke ist arm an Steigungen und reich an Hinweisschildern, weshalb sie eine hervorragende Möglichkeit bietet, den Bregenzerwald mit dem Fahrrad zu erkunden.

Adresse Etappe durch die Schlucht zwischen Doren-Bozenau und Egg. Der Radweg geht weiter über Bezau nach Schoppernau. | ÖPNV Bus R 1 (Fahrradmitnahme) fährt im Sommer Do – So vom Bahnhof Schwarzach in den Bregenzerwald: www.vmobil.at | Anfahrt Egg, Andelsbuch oder jeder weitere Ort am Radweg. Leihfahrräder an mehreren Orten: www.anrufen-losfahren.com | Tipp Auf einem kurzen Teilstück zwischen Bezau und Schwarzenberg fährt das Wälderbähnle noch! Fahrplan auf www.waelderbaehnle.at

42 Das alte Hallenbad

Von den Jesuiten zu den Alternativen

Das Reichenfeld im Schatten des markanten Stadtschrofens ist ein kulturelles Zentrum der zweitgrößten Stadt Vorarlbergs. Aus einem Jesuitenkolleg wurde ein Konservatorium und aus einem Hallenbad ein Veranstaltungsraum. Beide Gebäude verbindet trotz der sehr unterschiedlichen Architektur die gemeinsame Geschichte.

Die Jesuiten unterhielten ab dem 19. Jahrhundert eine riesige Schule mitten in Feldkirch. Das heutige Landeskonservatorium war eines von mehreren Gebäuden. Neben wissenschaftlicher und religiöser Erziehung war der Sport ein weiterer wichtiger Schwerpunkt im Feldkircher Jesuitenkolleg. So brachten 1874 englische Studenten des Kollegs den Fußball erstmals nach Österreich, und neben Eishockey war auch der Schwimmunterricht Bestandteil der leiblichen Ertüchtigung der Eliteschüler. Im Sommer schwammen sie im Tisner Weiher, und um im Winter auf den Schwimmsport nicht verzichten zu müssen, errichtete man 1912 ein Hallenbad – das erste überhaupt in Vorarlberg. Nach der Machtergreifung der Nationalsozialisten wurden die Jesuiten vertrieben, die Schule als Lazarett und Kaserne benützt und das Hallenbad zerstört.

In der Nachkriegszeit begann der Neubau des Hallenbads. Nur Fenster, Böden und Fliesen wurden von externen Unternehmen gemacht, alles andere von den fest angestellten Jesuitenhandwerkern. Dadurch dauerte der Bau etwas länger, kostete aber erheblich weniger. Finanziert wurde der Neubau übrigens fast ausschließlich vom deutschen Außenministerium, da in Feldkirch Hunderte deutsche Schüler maturierten.

Aus Mangel an Nachwuchs entschied man sich 1979, das Kolleg zu schließen, und das Hallenbad fiel in einen Dornröschenschlaf, bis man 1993 beschloss, das Gebäude der Jugend zurückzugeben. Saniert wurde es unter der Vorgabe, den Charakter des Hallenbads zu erhalten, und dort, wo früher die Teens schwammen, tanzen sie eine Generation später zwischen den Fliesen.

Adresse Reichenfeldgasse 10, 6800 Feldkirch | **ÖPNV** Bus 1, 2, 7, 11, 13, 14, 70, Haltestelle Landesgericht, Bus 3, 6, 67, Haltestelle Elisabethplatz oder etwa 15 Minuten zu Fuß vom Hauptbahnhof | **Anfahrt** Parken beim Landesgericht oder in der Parkgarage Reichenfeld | **Öffnungszeiten** nur zu den Veranstaltungen, zum Beispiel beim Poolbar Festival jedes Jahr im Juli und Aug. | **Tipp** In unmittelbarer Nähe befindet sich der Spielplatz Reichenfeld, der bei Kindern und Familien sehr beliebt ist.

43 Der Betstuhl

Eine Sonnenuhr zwischen Kirche und Wissenschaft

Im 15. und 16. Jahrhundert war viel los in Europa. Das Zeitalter der Entdeckungen und der europäischen Expansion, Humanismus, Renaissance und Reformation markierten den Beginn der frühen Neuzeit. Ein Vorarlberger war an den Umbrüchen mehr beteiligt, als man es einem Vorarlberger zutrauen würde: Georg Joachim Rheticus. Sein Vater, Stadtmedicus von Feldkirch, wurde wegen Hexerei hingerichtet. Kurz nach dessen Tod wandte sich der damals 14-jährige Rheticus der Wissenschaft zu und studierte unter anderem Mathematik und Astronomie. Dass er nebenbei auch Kartograf, Mediziner, Theologe und Instrumentenbauer war, bezeugt seine Vielseitigkeit.

Einer seiner berühmtesten Lehrer war niemand Geringeres als Nikolaus Kopernikus. Rheticus trug wesentlich dazu bei, dass Kopernikus seine Schrift über das heliozentrische Weltbild veröffentlichte. Entgegen der landläufigen Meinung wurde die Veröffentlichung nicht von der katholischen Kirche blockiert. Im Gegenteil: Die Schrift wurde Papst Paul III. gewidmet. Kopernikus zögerte möglicherweise, weil seine Berechnungen etwas ungenau schienen oder er der Meinung war, dass seine These nur Mathematikern, nicht aber der breiten Masse zugänglich gemacht werden solle.

Als Professor für Mathematik und Astronomie ließ Rheticus ein kleines Büchlein mit astronomischen Tabellen drucken, das seinen Studenten als Studienhilfe dienen sollte. Das Titelblatt ziert neben einem Gedicht aus fünf Zweizeilern das Abbild einer Sonnenuhr, einer sogenannten Mittagslinie. Der Betstuhl von Hanno Metzler zeigt ebenso eine Mittagslinie. Der kreuzförmige Lichtfleck in der schattenwerfenden Lehne und die Nähe des Denkmals zum Dom ist ein Ausdruck der Verbindung von Kirche und Wissenschaft. Wenn jener Lichtfleck genau auf der markierten Nord-Süd-Linie liegt, ist in Feldkirch der »wahre«, also astronomische Mittag. Eine knappe halbe Stunde nachdem er in Wien war.

Adresse Domplatz, 6800 Feldkirch | ÖPNV alle Buslinien in Feldkirch: Busplatz/Katzenturm oder circa 10 Minuten zu Fuß vom Hauptbahnhof | Anfahrt Parken in der Parkgarage am Busplatz | Tipp Wenige Schritte vom Betstuhl findet man das Café April, das beweist, dass gesunde Küche fabelhaft schmecken kann. Kuchen und Frühstücksvariationen sind besonders zu empfehlen. Neustadt 39, 6800 Feldkirch, www.aprilcafe.at, Do–Mo 9–18 Uhr

44 Das Dankmal

Das Verbindende vor das Trennende

Unweit der Schattenburg in Feldkirch steht eine schlicht-schöne Stele aus bearbeitetem Granit, unterbrochen durch bunte Kreuze. Dass es sich dabei um ein Denkmal für verstorbene Soldaten handelt, ist auf den ersten Blick nicht erkennbar. Der Künstler Herbert Meusburger wollte bewusst von den heroisierenden Soldatendarstellungen klassischer Kriegerdenkmäler abkommen, zumal man hier Vorarlberger Milizsoldaten gedenkt, die in Friedenszeiten während der Zweiten Republik ums Leben kamen. Deren Aufgabe ist vorrangig die Friedenserhaltung und stellt somit das Verbindende vor das Trennende. Das Thema des Trennens und Verbindens beherrscht auch das Schaffen von Herbert Meusburger. Daraus besteht das ganze Leben, das mit der Zeugung und der Geburt beginnt und mit dem Tod endet.

Der gebürtige Bizauer kam über die Holzschnitzerei zur Kunst. Anfangs hatte er das Gefühl, als Künstler sei man in Vorarlberg unnötig und gelte als Faulenzer. Aber solche Verbalattacken motivierten ihn, denn er ist kein konfliktscheuer Mensch. Er braucht Widerstand, weshalb er schließlich den Granit für sich entdeckte. Mit gut 30 Jahren wagte er den Weg in die Selbstständigkeit als Künstler. Es dauerte mehrere Jahre, bis er sein erstes Kunstwerk verkaufen konnte, mittlerweile sind seine Skulpturen sehr begehrt. Sie besitzen eine eigene Formsprache, inspiriert von der Bregenzerwälder Holzbauarchitektur, deren Verzahnungen und Ineinanderverschränkungen er auf den Granit überträgt.

Beim Dankmal wird diese Formsprache deutlich. Sechs rau bearbeitete Granitelemente fassen fünf glatt geschliffene Kreuze aus je einem Erdteil ein. Das obere Kreuz stammt aus Indien, das darunterliegende aus Australien. Dann folgt Südamerika, ein Granitgneis aus dem Silvrettagebirge und schließlich ein Kreuz aus Afrika. So unterschiedlich die Gesteine sind, so harmonisch sind sie miteinander verbunden.

Adresse wenige Schritte nördlich der Schattenburg, Burggasse 1, 6800 Feldkirch | **ÖPNV** Bus 67, Haltestelle Schattenburg oder 5–10 Minuten zu Fuß von der Innenstadt oder vom Hauptbahnhof | **Anfahrt** von der Innenstadt oder der Autobahnausfahrt Feldkirch-Frastanz auf die L 190, auf Höhe der Schattenburg Richtung Göfis abbiegen | **Tipp** Folgt man der Straße kurz bergab, kommt man zur Braugaststätte Rössle Park, die ihr eigenes Bier braut. Rösslepark 1, 6800 Feldkirch, Mo–Sa 9–1 Uhr, www.roesslepark.at

45 Das Entenbachgässele

Wo Waschweiber Wäsche wuschen

Feldkirch darf zu Recht stolz auf seine gut erhaltene Altstadt sein. Zwischen der Ill und der Schattenburg kann man in den vielen verwinkelten Gassen schlendern, die keinen museal-touristischen Charakter haben, sondern mit Leben und Einheimischen gefüllt sind. Ein Segen, wenn man bedenkt, wie schwer sich andere mittelalterliche Städte tun mit dem Spagat zwischen ausgestorben und vom Massentourismus überrannt. Neben gut frequentierten Plätzen mit Cafés und Boutiquen findet man stille Plätzchen, wo man in Ruhe den Geschichten lauschen kann, die sie erzählen.

Einer dieser Orte ist das Entenbachgässele. Es erzählt aus der Gründungszeit der Stadt, als es noch keine Kanalisation gab. Mehrere Kanäle und Bäche durchzogen die Stadt und dienten als Wasserversorgung, Löschwasserspeisung und Entsorgungsgerinne. Die Chroniken beschreiben den Alltag an den Kanälen, als etwa ein Anwohner seinen Nachttopf »versehentlich« über den Kopf seines Nachbarn leerte.

Das Gässele erzählt aber auch Geschichten, die historisch die Stadt noch mehr prägten. Zwar wurden die meisten Stadttore und die Stadtmauer aus dem Jahre 1220 im 18. Jahrhundert fast gänzlich abgetragen, doch hier sieht man noch ein kleines Stück der ursprünglichen Stadtbefestigung. Errichtet wurde sie unter Hugo von Montfort, dem Gründer der westlichsten Stadt Österreichs. Er war es auch, der Badestuben und Waschhäuser bauen ließ. Am Entenbach wuschen Waschweiber Wäsche wohlhabender Bürger und erzeugten beim Schlagen der Wäsche mit dem Bleuel ein klatschendes Geräusch. Und da das Waschen lange dauerte, hatten die Waschweiber viel Zeit, um den neuesten »Klatsch« auszutauschen.

Das Ende des Entabächle wurde 1910 besiegelt, als die Kanalisierung verrohrt wurde – als erster Bach einer Stadt in Vorarlberg. Seitdem ist das Entenbachgässele ein ruhiges Kleinod in der lebendigen Altstadt.

Adresse Entenbachgässele, 6800 Feldkirch | ÖPNV alle Buslinien in Feldkirch: Busplatz/Katzenturm oder circa 10 Minuten zu Fuß vom Hauptbahnhof | Anfahrt Parken in den Parkgaragen Reichenfeld, Busplatz oder Ganahlareal | Tipp In unmittelbarer Nähe, in der Johannitergasse 1, befindet sich die frei stehende Turnhalle des Gymnasiums in schönem Jugendstil.

46 Das James-Joyce-Zitat

Die Odyssee eines Iren

Am Bahnhof, Sinnbild einer Odyssee, werden viele Schicksale entschieden. Das trifft vor allem auf den Grenzbahnhof Feldkirch zu, wo das Schicksal des Ulysses selbst entschieden wurde.

Gemeint ist damit das Werk des irischen Schriftstellers James Joyce, das als stilbildend für den modernen Roman gilt. Nicht wenige sehen darin ein epochales Meisterwerk und einen der bedeutendsten Romane des 20. Jahrhunderts. Analog zur griechisch-mythologischen Vorlage Homers beschreibt James Joyce in drei Teilen und 18 (3+12+3) Episoden die Irrfahrt des Protagonisten Leopold Bloom durch Dublin am 16. Juni 1904. Inzwischen wird dieses Datum als Bloomsday gefeiert, an dem Fans die Orte des Romans aufsuchen, Kneipentour inklusive. Zum 90. Anniversar des weltweit einzigen Feiertages, der auf einem Roman beruht, hängte der Kulturkreis Feldkirch eine Tafel mit dem James-Joyce-Zitat im Bahnhof auf. Die ÖBB beteiligten sich weder finanziell daran noch halfen sie beim Aufhängen. Als um das Jahr 2000 der Bahnhof grundsaniert wurde, platzierten die ÖBB das Zitat prominent über der Bahnhofsbäckerei und ließen die ursprüngliche Tafel spurlos verschwinden.

Spurlos verschwanden am Bahnhof Feldkirch auch Menschen. Den Grenzbahnhof im äußersten Westen der K.-u.-k.-Monarchie nutzten viele, um während des Ersten Weltkrieges in die neutrale Schweiz zu fliehen, was aufgrund der strengen Grenzkontrollen nicht einfach war. Denn »feindliche Ausländer« und Spione verschwanden in Gefangenenlagern. Davor fürchtete sich auch James Joyce, als er 1915 von Triest nach Zürich fuhr. 1932 kehrte er einen Sommer lang nach Feldkirch zurück, wo er jeden Abend um halb acht den Orient-Express begrüßte. Am Bahnsteig stellte er retrospektiv fest, dass hier das Schicksal des Ulysses entschieden wurde. Und zwar nicht literarisch, sondern existenziell, da er den Roman als Gefangener nicht hätte beenden können.

Adresse Bahnhof Feldkirch, Bahnhofstraße 40–42, 6800 Feldkirch | ÖPNV Bahnhof Feldkirch | Anfahrt etwas nördlich des Stadtzentrums, parallel zur L 190, Parken in der Wichnergasse oder Halten direkt am Bahnhof | Tipp Der Ardetzenberg gegenüber dem Bahnhof ist ein beliebtes Naherholungsgebiet mit einem schönen Wildpark.

47 Der Katzenturm

So klingt die größte Glocke Vorarlbergs

Seit mehr als einem halben Jahrtausend steht der »Dicke Turm« in Feldkirch und wacht über die Montfortstadt. Ursprünglich wäre der Turm genauso hoch geworden wie sein Umfang, aber aufgrund der Schwabenkriege dachte man sich, ein zusätzliches Stockwerk könnte nicht schaden. Also wurde der Katzenturm 1507 in seiner heutigen Höhe fertiggestellt. Als Teil der Stadtbefestigung wurde er mit Kanonen bestückt. Diese waren mit einem Löwenkopf dekoriert, die man Katzen nannte. Daher der Name.

Eine Legende besagt, der Turm sei durch Geheimgänge mit der Tostner Burg und der Schattenburg verbunden. Spielende Kinder entdeckten in den 1920er Jahren den Anfang eines jener Tunnel, der aber wahrscheinlich ein Rest des zugeschütteten Hirschgrabens war.

Der Hirschgraben erfüllt schon lange nicht mehr die Funktion der Verteidigung, mehr eine verkehrstechnische. Schon im 17. Jahrhundert nahm die militärische Bedeutung Feldkirchs ab und der Handel zu. Aus diesem Grund entschied man sich 1665, die Kanonen durch eine Glocke auszutauschen. Ironischerweise wollte man im Ersten Weltkrieg aus der Glocke Kanonen gießen, was zum Glück verhindert werden konnte. Übrigens reicht auch ein Glockengeläut aus, um Feinde abzuschrecken, was 1799 eindrucksvoll bewiesen wurde, als das Napoleonische Heer vor dem Glockenklang floh.

Seitdem wird die größte Glocke Vorarlbergs und sechstgrößte Österreichs zu hohen Feiertagen, zu Beginn der Weinlese auf dem Ardetzenberg und zu Silvester geläutet. Seit Herbst 2018 ist die Glocke vorübergehend verstummt, da die Aufhängung einen Riss bekommen hat. Man will nicht riskieren, dass die gut 8,5 Tonnen schwere Glocke hinunterfällt, was schon einige Male passiert ist. Doch sie wurde immer wieder neu gegossen, und auch die Umgestaltung zu einem Gewerbemuseum in den 1980er Jahren blieb dem Turm erspart, weshalb sich Feldkirch immer noch an seinem Glockenturm erfreut.

Adresse Hirschgraben, 6800 Feldkirch | **ÖPNV** alle Buslinien in Feldkirch, Haltestelle Busplatz/Katzenturm oder circa 10 Minuten zu Fuß vom Hauptbahnhof | **Anfahrt** Parken in den Parkgaragen Reichenfeld, Busplatz oder Ganahlareal | **Tipp** Wenige Schritte vom Katzenturm steht das Palais Liechtenstein, von wo aus einst Liechtenstein regiert wurde. Heute ist es Sitz des Stadtarchives und der Stadtbibliothek und beherbergt immer wieder spannende Ausstellungen, wie aktuell (2019) eine Ausstellung über die Stadtgeschichte.

48 Das Pförtnerhaus

Vom Turnsaal zum Konzertsaal

Idyllisch am Illufer, genau gegenüber der Feldkircher Altstadt, liegt ein geschichtsträchtiges gelb-weißes Gebäude, welches das Vorarlberger Landeskonservatorium beherbergt. Der längliche Bau im Stil der Neorenaissance stammt aus dem Jahr 1900 und diente als Erweiterungsbau des Jesuitenkollegs. Die Eliteschule »Stella Matutina« wurde Mitte des 19. Jahrhunderts von Feldkircher Jesuiten gegründet und schnell bis über die Grenzen hinaus bekannt; dank engagierter Professoren auch als wissenschaftliches Zentrum, in dem sich sogar der spätere Papst Pius XI. gerne aufhielt und sich Rat einholte. Selbst Thomas Mann beschrieb die Stella in seinem Roman »Der Zauberberg« verblüffend genau, obwohl er selbst nie dort war.

Die strenge Ausbildung des Kollegs lockte viele Zöglinge aus dem – vorwiegend deutschen katholischen – Adel, wurde aber auch von Schülern aus aller Welt besucht. Einer von ihnen war Arthur Conan Doyle, der nach Feldkirch kam, um sein Deutsch zu verbessern. Als Engländer brachte er das runde Leder nach Vorarlberg, von wo aus sich der neuartige Sport Fußball in ganz Österreich ausbreitete. Nebenbei spielte er auch noch in der Blaskapelle und schrieb Artikel für die von ihm herausgegebene Schulzeitung. Als Autor wurde er jedoch erst etwas später berühmt, aus seiner Feder stammen nämlich die Abenteuer von Sherlock Holmes.

Nicht ausgeschlossen ist es, dass Arthur Doyle in der damaligen Turnhalle Fußball gespielt hat. In jenem Gebäude, das sich heute als Pförtnerhaus im Norden an das heutige Landeskonservatorium anschließt. Architektonisch vom Hauptgebäude abgesetzt und dank des Laubenganges mit Glasdach mit einer zeitlos-modernen Fassade versehen, dient es mit seiner hervorragenden Akustik als beliebter Konzertsaal des Konservatoriums, wo unter weiteren Berühmtheiten Kirill Petrenko, Chefdirigent der Berliner Philharmoniker, sein Studium absolviert hat.

Adresse Reichenfeldgasse 9, 6800 Feldkirch | ÖPNV Bus 1, 2, 7, 11, 13, 14, 70, Haltestelle Landesgericht, Bus 3, 6, 67, Haltestelle Elisabethplatz oder etwa 15 Minuten zu Fuß vom Hauptbahnhof | Anfahrt Parken beim Landesgericht oder in der Parkgarage Reichenfeld | Öffnungszeiten nur zu den Veranstaltungen, vorwiegend Konzerten | Tipp Auf der anderen Seite der Ill liegt das Restaurant mund.art, das außergewöhnliche Crêpe-Variationen anbietet. Leonhardsplatz 4, 6800 Feldkirch, www.mundart-restaurant.at, Fr–Di 11–21 Uhr

49 Ein Quantum Trost für Bregenz

Hat sich James Bond verfahren?

Die Aufregung war groß, als bekannt wurde, dass ein James-Bond-Film mit dem Arbeitstitel Bond 22 in Bregenz und Feldkirch gedreht wird. Noch dazu, weil man über 1.000 Statisten suchte. Vielen wurde es dadurch ermöglicht, einmal in einem Bond mitzuspielen.

Die gesamte rund zehnminütige Szene spielt gänzlich in Bregenz. Es fällt aber schnell auf, dass James Bond nicht am Flughafen in Bregenz landen kann, denn den gibt es gar nicht. Gedreht wurde die Szene im südenglischen Farnborough, und viele Reisebüros kamen in Erklärungsnot, als sie ihren Kunden keine Flüge nach Bregenz anbieten konnten. Der nächste Fake: Bond liefert sich in der Bregenzer Altstadt eine Verfolgungsjagd mit seinem Antagonisten. Der Schmu dabei ist nicht, dass Bond mit einem Volvo anstatt eines Aston Martin dem Jaguar seines Kontrahenten durch die Gassen hinterherrast, sondern dass die Szene in Feldkirch gedreht wurde. Laut Produktionsteam ist die dortige Altstadt einfach schöner. Es wurde also noch mal ein bisschen geschwindelt. Und aufwendig war der Schwindel auch: Die zehnsekündige Szene wurde eine ganze Nacht lang gedreht, je drei Tage vor- und nachbereitet, Anwohner und Geschäfte informiert. Wie sich das Filmteam mit der Polizei einigen konnte, dass Bond durch die Fußgängerzone rasen darf, ist nicht bekannt. Bekannt ist aber, dass für den Dreh 4.000 Liter Wasser auf die Straße gegossen wurden, damit die Straßenlaternen, deren Glühbirnen auch extra für den Film ausgetauscht wurden, sich besser spiegeln.

Im Film sieht das Ganze so aus, dass Bond in Bregenz (Farnborough) landet, durch die Altstadt (Feldkirch) fährt, rechts abbiegt und plötzlich vor der Seebühne (diesmal wirklich Bregenz) steht. Auch wenn der Film ziemlich sicher nicht als bester James Bond aller Zeiten in die Filmgeschichte eingehen wird, ist die Vorarlberger Bevölkerung doch stolz darauf, in der James-Bond-Reihe vorzukommen.

Adresse Marktgasse, 6800 Feldkirch | **ÖPNV** alle Buslinien in Feldkirch, Haltestelle Busplatz/Katzenturm oder circa 10 Minuten zu Fuß vom Hauptbahnhof | **Anfahrt** Parken in den Parkgaragen Reichenfeld, Busplatz oder Ganahlareal | **Tipp** Daniel Craig aß während der Dreharbeiten im Bregenzer Restaurant Manga, wo seine Auswahl als James-Bond-Menü angeboten wird. Seestraße 6, 6900 Bregenz, Mo–Do 11.30–14.30 und 17.30–23.30 Uhr, Fr–So 11.30–23.30 Uhr. Inzwischen wurde auch eine Filiale in Feldkirch eröffnet: Hirschgraben 4, 6800 Feldkirch, direkt beim Busplatz. Erdgeschoss: Quick, Obergeschoss: Relax. Mo–So 11.30–14.30 und 17.30–23.30 Uhr

50 Das Schützenscheiben-Museum

Scheibenweise Geschichte aus vier Jahrhunderten

Wenige Vereine oder Institutionen sind so eng mit der Geschichte der Stadt verknüpft wie die Feldkircher Hauptschützengilde. Seit 1375 verteidigten die Schützen – damals noch mit der Armbrust, das Schießpulver hatte sich noch nicht durchgesetzt – ihre Heimatstadt, sei es gegen Appenzeller, Schweden oder Franzosen. Glücklicherweise ist die Zeit der Angriffe auf Feldkirch vorbei, und die Gilde pflegt das Schießen nun ausschließlich als Sport.

Von der Wichtigkeit der Schützengilde war schon 1380 der letzte Montforter Graf Rudolf IV. überzeugt und ordnete an, dass »auf ewige Weltzeiten« alljährlich ein schöner Ochse an die Gilde zu spenden sei. Dieser wurde beim alljährlichen Ochsenschießen an den besten Schützen vergeben. Inzwischen wurde der Ochse durch »Kröten« ersetzt, und der Sieger freut sich über ein Preisgeld.

Doch auch wer sich weder für das Ochsen- noch für das Sportschießen begeistern kann, hat allen Grund, das Vereinshaus zu besuchen. Es verwahrt einen besonderen historischen Schatz, der facettenreicher kaum sein könnte. Seit 1640 sammelt der Verein rund 240 Schützenscheiben. Wer nun denkt, es handelt sich hierbei um mit bunten Ringen bemalte Pappkartons, der irrt. Die Scheiben sind kunstvoll gestaltete Gemälde und Zeitzeugen, die wichtige Ereignisse dokumentieren. Je nachdem, was die Menschen beschäftigte, sind Hochzeiten und Krönungen, Jubiläen oder auch Katastrophen wie Überschwemmungen oder Stadtbrände sowie kriegerische Begebenheiten abgebildet. Darunter auch entfernte Konflikte wie die Schlacht um Konstantinopel. Wer diese Scheibe genau betrachtet, findet sogar den weinenden Sultan. Die Bilder sind alle reich an Details. So entdeckt man auf den Scheiben auch die allererste Abbildung eines Dudelsacks oder einen nur halb vollen Getreidesack in Erinnerung an das »Jahr ohne Sommer« 1816.

Adresse Hauptschützengilde Feldkirch, Göfiser Straße 2, 6800 Feldkirch, www.hsg-feldkirch.at | ÖPNV Bus 67, Haltestelle Schattenburg oder 10 Minuten zu Fuß von der Innenstadt oder vom Hauptbahnhof | Anfahrt von der Innenstadt oder der Autobahnausfahrt Feldkirch-Frastanz auf die L 190 und bei der Schattenburg nach Göfis abbiegen | Öffnungszeiten Mo, Do, Fr 17–24 Uhr, Sa, So 10–22 Uhr (wie das Restaurant) | Tipp Frei nach dem Motto »Schießen und Genießen« verwöhnt das hauseigene Restaurant die Gäste mit köstlichen gutbürgerlichen Speisen. Mo, Do, Fr 17–24 Uhr, Sa, So 10–22 Uhr. www.schuetzenhaus.at

51 Das Veduten-Kabinett

Ein Bild sagt mehr als tausend Worte

Die von Graf Hugo I. von Montfort um 1200 erbaute Schattenburg gilt als Grundstein der Stadt Feldkirch. In ihrer 800-jährigen Geschichte war sie immer wieder Schauplatz kriegerischer Auseinandersetzungen, und ab dem Ende des Dreißigjährigen Krieges fungierte sie als Gefängnis, Kaserne und Armenhaus. Die letzten Pläne eines Umbaus stammen von den Nationalsozialisten, die 1938 aus der Schattenburg eine NS-Wehrburg machen wollten. Da sie nicht umgesetzt wurden, erfreuen sich Feldkircher und deren Besucher heute an einer der besterhaltenen Burganlagen Mitteleuropas.

Doch anstatt aus der Burg einen Themenpark zu machen, setzte sich der »Museums- und Heimatschutz-Verein« für ein Heimatmuseum in der Schattenburg ein und konnte die Burganlage somit wiederbeleben und schließlich retten.

Was eher trocken klingen mag, ist eine rundum gelungene Ausstellung in historischen Räumen. Eine bessere Kulisse als eine mittelalterliche Burg kann man sich für das größte Heimatmuseum des Landes gar nicht vorstellen.

Neben einer der bedeutendsten historischen Waffensammlungen Österreichs sind wertvolle Möbel und Gebrauchsgegenstände aus verschiedenen Epochen zu sehen. Ein Raum widmet sich einer ganz besonderen historischen Dokumentationsform: das Veduten-Kabinett. Unter Veduten versteht man realistische Ansichten von Landschaften, meist jedoch Städten. Trotz höchster künstlerischer Fertigkeiten stehen nicht Gestaltungselemente wie Licht und Schatten im Vordergrund, sondern das exakte und perspektivisch korrekte Abbild der Stadt oder eines Ausschnittes.

Repräsentativ in der »Petersburger Hängung« angebracht, dokumentieren die detailreichen Feldkircher Veduten 400 Jahre Bau- und Siedlungsgeschichte. Dadurch lassen sich die Entwicklungen in Wirtschaft, Verkehr und Sozialleben besser nachvollziehen als durch Berichte, die damals nur das scheinbar Wesentliche beschrieben.

Adresse Schattenburg, Burggasse 1, 6800 Feldkirch, www.schattenburg.at | ÖPNV Bus 67, Haltestelle Schattenburg oder 5–10 Minuten zu Fuß von der Innenstadt oder vom Hauptbahnhof | Anfahrt von der Innenstadt oder der Autobahnausfahrt Feldkirch-Frastanz auf die L 190, auf Höhe der Schattenburg Richtung Göfis abbiegen | Öffnungszeiten April–Okt. Mo–Fr 9–17 Uhr, Sa, So 10–17 Uhr. Nov.–März Di–Fr 13.30–16 Uhr, Sa, So 11–16 Uhr | Tipp Die Schlosswirtschaft ist nicht nur für das köstliche Schnitzel und die urige Stimmung, sondern auch für die außergewöhnliche Aussicht auf die Stadt bekannt. Di–Fr 11–14 und 17–22 Uhr, Sa, So 11–22 Uhr (nachmittags kleine Karte), Juli und Aug. auch Mo geöffnet, www.schattenburg.cc

52 Der schweizerische Zoll an der liechtensteinischen Grenze

Zollunion am Dreiländereck

Feldkirch als westlichste Gemeinde Österreichs liegt direkt an der Grenze zur Schweiz und zu Liechtenstein. Vor allem mit dem Fürstentum besteht eine historisch gewachsene Verbindung. So wurde das bei seiner Gründung arme Bauernland von der nächstgelegenen Stadt – Feldkirch – aus regiert, und der Fürst errichtete zu diesem Zwecke das Palais Liechtenstein. Inzwischen leben in Liechtenstein nur wenig mehr Menschen als in Feldkirch.

Als kleiner Staat war man stets um gute bilaterale Beziehungen bemüht. Nicht nur mangels eigener Landesverteidigung, sondern vor allem wirtschaftlich ist man auf Partner angewiesen. Bis zum Zerfall der Donaumonarchie war Liechtenstein Teil des österreichischen Zoll- und Währungsgebietes. Dass die einzige Bahnstrecke durch das Land von den Österreichischen Bundesbahnen betrieben wird, zeugt noch von dieser Zeit. Nach dem Ersten Weltkrieg wandte sich das Fürstentum der Eidgenossenschaft zu. Seitdem wird mit Schweizer Franken bezahlt, die Postleitzahlen wurden der Schweiz angeglichen, wenngleich Liechtenstein ein eigenes Postsystem betreibt, und es wurde ein Zollunionsabkommen geschlossen.

Den vielen Pendlern fällt es nicht mehr auf, aber wenn Gelegenheitsgrenzgänger von Feldkirch nach Liechtenstein fahren, kommt es vor, dass sie etwas verwirrt sind und befürchten, über die falsche Grenze gefahren zu sein, wenn sie »Österreichisch-schweizerischer Grenzübergang im Fürstentum Liechtenstein« lesen. Und wenn sie von Liechtenstein in die Schweiz weiterfahren, ist die Grenze nur noch durch eine kleine Hinweistafel gekennzeichnet. Dadurch, dass Liechtenstein seit 1995 auch EWR-Mitglied ist, parallel aber die Schweizer Zollbestimmungen gelten, ergeben sich immer wieder weitere zollrechtliche Kuriosa.

Adresse Mehrere Grenzübergänge, vor allem die kleinen wie Fresch oder Hub sind interessant. Größter Übergang: Tisis, im Bild: Nofels, Sebastian-Kneipp-Straße, 6800 Feldkirch-Nofels | **ÖPNV** Übergang Tisis: Bus 11, 13, 14, 70, Haltestelle Schaanwald Zollamt, Übergang Nofels: Bus 36E, Haltestelle Ruggel Zollamt, Übergang Fresch: Bus 32, 33, 35, Haltestelle Hinterschellenberg, Übergang Hub: Bus 3, Haltestelle Tosters Hub | **Anfahrt** von Feldkirch aus mehrere Möglichkeiten, einfach Beschilderung nach Liechtenstein folgen | **Tipp** Wenn Sie die Grenze schon überquert haben, besuchen Sie doch den Liechtensteiner Hauptort und dort das Kunstmuseum. Städtle 32, 9490 Vaduz, Fürstentum Liechtenstein, www.kunstmuseum.li, Di, Mi, Fr–So 10–17 Uhr, Do 10–20 Uhr

53__Die »Tausendjährige Eibe«

Der älteste Baum Vorarlbergs ist nicht totzukriegen

Völlig unscheinbar neben der Kirche St. Corneli steht ein etwas aus der Form geratener Baum. Sein hohles Inneres ist mit einem Gitter geschützt, und der Stamm ist mit Stahlseilen stabilisiert, was den Anschein erweckt, er hätte schon so einiges miterlebt. Und das hat er in der Tat, denn diese Eibe erzählt eine über tausendjährige Geschichte.

Es war die Gottesmutter Maria höchstpersönlich, die auf dem Weg von Einsiedeln in das Große Walsertal unter dieser Eibe übernachtet haben soll. Seitdem entwickelte sich St. Corneli als Wallfahrtsort, und in die Krone der Eibe wurde eine Marienstatue gesetzt, die nach mehreren hundert Jahren des Bestehens 1950 spurlos verschwand. Da sich Maria an den Baum angelehnt habe, dichtete man seiner Rinde eine schmerzlindernde Wirkung an. Gläubige kauten nach und nach die Rinde ab. Offenbar wussten sie nicht, dass es sich bei der Eibe um den einzigen giftigen Nadelbaum des Landes handelt, im Gegensatz zu den Kelten, die den Baum als Todessymbol verehrten.

Um die sagenumwobene Eibe vor den Pilgern zu schützen, wurde sie mit einem Eisengitter ummantelt. Doch damit konnten nicht alle Gefahren abgewehrt werden, denn irgendwann schlug der Blitz ein, und man hatte große Sorge um diesen uralten Baum, da er nun hohl war und von innen zu faulen begann. 1976 wurde er professionell saniert, damit er noch ein Weilchen stehen bleibt.

Aber wie lange steht sie schon da, die »Tausendjährige Eibe«? Forschungen ergaben, dass der Baum höchstwahrscheinlich noch deutlich älter ist als sein Ruf. Neben dendrochronologischen Untersuchungen, die Anhaltspunkte für ein Alter deutlich jenseits der 1.000 Jahre lieferten, gehen Historiker davon aus, dass die vor 1.000 Jahren erbaute Kirche St. Corneli aufgrund der Eibe an jene für Kirchen unübliche Hanglage gebaut wurde. Das genaue Alter wird man vielleicht nie herausfinden, aber möge die Eibe noch einmal 1.000 Jahre alt werden.

Adresse Kirche St. Corneli, Tostner Burgweg 54, 6800 Feldkirch-Tosters | **ÖPNV** Bus 3, Haltestelle Tosters Burgweg, von dort dem Tostner Burgweg entlang 20–30 Minuten zu Fuß | **Anfahrt** vom Zentrum der Beschilderung nach Tosters folgen, in den Tostner Burgweg abbiegen und der schmalen Straße bis zum Ende folgen | **Tipp** Von der Eibe sind es gute 10 Minuten zu Fuß zur Burgruine Tosters, von wo man einen schönen Blick auf St. Corneli hat. Anschließend lässt es sich im Gasthaus zur Eibe hervorragend einkehren. Tostner Burgweg 45, 6800 Feldkirch-Tosters, www.gasthaus-zur-eibe.at, Mi–Fr 14–23 Uhr, Sa 10–23 Uhr, So 10–21 Uhr

54 Die Wanderwege am Schellenberg

Den Schmugglern auf der Spur

Als kleines Bundesland, das fast rundherum von anderen Staaten umgeben ist, hat Vorarlberg eine lange Tradition des Grenzverkehrs und damit verbunden natürlich auch mit dem Schmuggel, was die lokale Mentalität geprägt hat. Die Grenzen zur Bundesrepublik, zur Eidgenossenschaft und zum Fürstentum sind leicht passierbar, und sowohl Waren als auch Menschen können ohne große Hürden am Zollamt vorbei transportiert werden.

Über den Rhein, dem Grenzfluss zur Schweiz, gab es lange Zeit keine Brücken. Tagsüber brachten Fährmänner mit ihren an Seilen befestigten Fähren Waren und Personen ans andere Ufer, während sie sich in der Nacht mit dem Schmuggel noch etwas dazuverdienten. Gegen Ende der 1820er Jahre blühte vor allem der Salzschmuggel, da das weiße Gold hier dermaßen hoch besteuert wurde, dass Salzschwärzer große Mengen des Salzes von Deutschland über die Schweiz und Liechtenstein nach Feldkirch brachten.

In Zeiten aufkommender Grenzkonflikte in Europa ist es erfreulich, dass zwischen Feldkirch und Liechtenstein kein meterhoher Zaun mit Stacheldraht den Weg versperrt, sondern das Grenzgebiet als Naherholungsgebiet der Bevölkerung zugutekommt. Der vom ehemaligen Rheingletscher geformte Schellen- oder Eschnerberg ist eines davon. Auf mehreren Wanderwegen lässt sich eines der ältesten Siedlungsgebiete des Rheintals ausgiebig erkunden. Sie sind alle vorbildlich ausgeschildert und können von der ganzen Familie begangen werden. Beeindruckend ist der Felsbandweg, der teilweise in den Fels geschlagen wurde. Hier trifft man immer wieder auf Kletterer, die die Felsen erklimmen. Oberhalb des Felsbandweges führt der an Ausblicken reiche Kulturwanderweg teilweise direkt an der EU-Außengrenze entlang und informiert auf mehreren Schautafeln über die Geschichte der österreichisch-liechtensteinischen Grenzregion.

Adresse 6800 Feldkirch und 9488 Schellenberg (Liechtenstein) | ÖPNV Bus 3, Haltestelle Tosters Burgweg oder Am Schellenberg, Bus 32, 33, 35, Haltestelle Schellenberg Hinterschloss | Anfahrt Parkmöglichkeiten unter anderem beim Gasthaus zur Eibe, Tostner Burgweg 45, 6800 Feldkirch, beim Gasthaus Auf der Egg, Auf der Egg 1, 6800 Feldkirch oder am Hinterschloss, 9488 Schellenberg (Liechtenstein) | Tipp Wandern macht hungrig. Und wer gute Kochkunst schätzt, ist im Traditionsgasthaus Restaurant Löwen richtig aufgehoben. Winkel 5, 9488 Schellenberg, Fürstentum Liechtenstein, www.loewen.li. Fr–Di 10–23 Uhr, im Aug. meist geschlossen

55 Der Seewaldsee

Der Himmelsteich mit Bergblick

Ziemlich genau in der geografischen Mitte Vorarlbergs, am Ende (oder Anfang?) des Großen Walsertals, liegt Fontanella. Der Name der Talschaft und des Ortes lassen auf die Besiedelungsgeschichte schließen. Im 14. Jahrhundert kamen die Walser über Graubünden, Laterns und Damüls hierher. Der Name Fontanella lässt sich vom rätoromanischen Wort »kleine Quelle« herleiten und bezieht sich auf eine kleine eisenhaltige Quelle, an der einst sogar ein Badehaus stand. Wichtiger ist heute die Zafernquelle, die den Ort mit frischem Wasser versorgt. Bis heute ist man stolz auf die Walser Vergangenheit, und neben dem Dialekt werden auch Traditionen gepflegt, so wird gerne getanzt und gesungen, was dem Ort den Beinamen Musikantendorf verlieh.

Ein besonderes Ausflugsziel der Obergrechter, wie sich die Einheimischen nennen, ist der Seewaldsee. Aufgrund seiner großen Beliebtheit und guten Erreichbarkeit ist man am See selten alleine, dennoch bietet der See dank seiner herrlichen Bergkulisse einen außergewöhnlichen Badeausflug mit der entsprechenden Infrastruktur, ohne allzu überlaufen zu sein. Apropos laufen: Vom Parkplatz im Ortsteil Säge bis zum See sind es zu Fuß zwei Kilometer mit einem schönen Blick auf das Große Walsertal. Man kann die Strecke aber auch mit dem Seewaldseezügle überwinden.

Im Gegensatz zu vielen anderen Alpenseen ist der Seewaldsee wärmer, da er nicht von einem Bach, sondern ausschließlich vom Regen gespeist wird. Da der einzige Zufluss der Himmel ist, nennt man solche Gewässer Himmelsteiche.

Einmal im Jahr wird es sportlich im See, denn dann findet eine ganz außergewöhnliche Veranstaltung statt: Das Obergrechter Isamännli, praktisch ein Ironmännchen. Dieser besondere Triathlon in der unüblichen Reihenfolge Schwimmen – Laufen – Radfahren ist von den Distanzen her überschaubar, endet aber mit einer knackigen Fahrt auf den Faschinapass.

Adresse Seewald, 6733 Fontanella | **ÖPNV** von Bludenz und Feldkirch mit Bus 73 nach Thüringen und von dort mit Bus 77, Haltestelle Fontanella Säge, von dort 20–30 Minuten zu Fuß oder mit dem Seewaldzügle | **Anfahrt** vom Großen Walsertal auf der L 193 nach Fontanella und weiter Richtung Faschina bis Säge bzw. vom Bregenzerwald auf der L 193 über Damüls nach Faschina und weiter in Richtung Fontanella bis Säge, dort parken und weiter wie oben | **Tipp** Nachdem es über mehrere Jahre keine Einkehrmöglichkeit in Fontanella gab, fungiert das von den Einheimischen initiierte Café im Dorfzentrum als Treffpunkt.

56 Der Letzehof

Vom Bauernhof zum Buddhismus

Die Geschichte des Letzehofs lässt sich bis in das Jahr 1366 zurückverfolgen, als die Feldkircher Johanniter die gesamte Letzegast-Waldung der Gemeinde Nenzing abkauften. Durch die Kirchenreformen von Joseph II., Sohn von Maria Theresia, wurde gegen Ende des 18. Jahrhunderts der gesamte Kirchenbesitz verstaatlicht, somit auch das Waldgebiet an der Letze, die ihren Namen von einem Letze genannten mittelalterlichen Befestigungswall erhielt, einem Überbleibsel aus der Schlacht bei Frastanz im Jahre 1499.

Nach der Verstaatlichung wurde ein Teil des Waldes an Johann Zimmermann verkauft, der schon eine Ölmühle besaß, Wirt im Traditionsgasthaus Löwen in Feldkirch war und nun auf einem gerodeten Teil des Waldes eine riesige Obstplantage mit mehreren hundert Bäumen anlegte. Dazu errichtete er einen Bauernhof, den Letzehof. Nach seinem Tod ersteigerte der Textilfabrikant Christian Getzner das Gelände, wobei er eher am Wald interessiert war. Sein Bruder führte den Hof jedoch weiter. Von der schönen Lage angetan, nutzte 1845 Erzherzog Johann, Bruder von Kaiser Franz I., die Zeit zwischen zwei Fabrikbesuchen, um von Feldkirch aus zum Letzehof zu spazieren und dort ein Glas Milch zu trinken. Der Erzherzog war von dem Spaziergang derart angetan, dass er sogar in seinem Tagebuch darüber berichtete.

Nach Getzners Tod erbten seine Neffen den Hof und ließen dort eine Villa errichten. Auf dem Erbweg gelangte 1980 Helmut Gaßner in den Besitz des Hofes. Der Elektrotechniker lernte während seines Studiums in der Schweiz den tibetischen Meister Gesche Rabten Rinpotsche kennen, der ihn in die Lehren des Buddhismus einführte. Gaßner bot ihm 1980 an, auf dem Letzehof ein buddhistisches Kloster samt Studienzentrum und tibetischer Friedensstupa zu errichten, wo inzwischen rund ein Dutzend Mönche leben, beten, meditieren und einmal sogar seine Heiligkeit den Dalai Lama empfangen durften.

Adresse Im Buchholz 26, 6820 Frastanz | ÖPNV Bus 7, Haltestelle Frastanz, Maria Grün oder Bus 1, 2, 11, 13, 14, 70, Haltestelle Feldkirch Schulzentrum, von dort via Duxgasse etwa 15–20 Minuten zu Fuß | Anfahrt von Feldkirch oder der Autobahnausfahrt Feldkirch-Frastanz die L 190 nehmen und in Richtung (Schwimmbad) Felsenau fahren, auf Höhe des Schwimmbades in die Mariagrüner Straße abbiegen und dieser bis zum Letzehof folgen | Öffnungszeiten Gebetsraum und Bücherei tagsüber geöffnet, bei Voranmeldung kann um 12 und 19 Uhr gemeinsam mit den Mönchen gespeist werden. Weitere Termine zu Seminaren und Gebetszeiten: www.rabten.eu/eventsVlbg_de.htm | Tipp Das Schwimmbad Felsenau ist das älteste noch bestehende Freibad Vorarlbergs. Mai bis Anfang Sept. 9–20 Uhr. Für die kalte Jahreszeit eignet sich eher ein Besuch in einem der besten orientalischen Restaurants Vorarlbergs: Samandar, Rappenwaldstraße 23a, 6800 Feldkirch, Di–So 11.30–14.30 und 17.30–23 Uhr.

57_Die Schiffswerft

Als die Wiener mit Tomaten beworfen wurden

Idyllisch im Rheindelta gelegen, kümmert sich die Fußacher Schiffswerft beherzt um die Instandhaltung der Boote und Schiffe des Bodensees. Aber nicht nur Nussschalen von Hobbykapitänen werden hier geschliffen und lackiert, auch für die richtig großen Schiffe ist die Werft zuständig. Eines davon lieferte den Stoff für die »Fußachaffäre«, einen politischen Disput über Föderalismus, verstärkt durch die Vorarlberger Medien, der sich am 21. November 1964 an diesem sonst so ruhigen Ort gewaltsam entlud.

Die ÖBB, damalige Betreiber der österreichischen Bodenseeflotte, planten ein neues Bodensee-Flaggschiff und beauftragten den Vorarlberger Landtag mit der Namensfindung. Schnell einigte man sich auf den Namen Vorarlberg. Erst eine knappe Dekade später wurde das Schiff im niederösterreichischen Korneuburg gebaut und in Einzelteilen nach Fußach gebracht, wo es endgültig zusammengebaut wurde und laut dem Verkehrsminister Otto Probst, dem die ÖBB unterstellt waren, auf den Namen Karl Renner getauft werden sollte.

Das gefiel den Vorarlbergern gar nicht. Die Zentralisten in Wien hätten nicht zu entscheiden, wie das Schiff heißen solle, schon gar nicht, wenn der Landtag bereits einen schönen Namen gefunden habe. Noch dazu war Karl Renner ein Sozialdemokrat, von dem sich die tiefschwarzen Vorarlberger stiefmütterlich behandelt fühlten. Renner war zwar maßgeblich an der Entstehung der Ersten Republik beteiligt, ging aber nicht auf den Wunsch der Vorarlberger ein, 1920 in Saint Germain darüber zu verhandeln, dass Vorarlberg der Schweiz beitritt.

Bei der Schiffstaufe versammelten sich 20.000 Menschen in Fußach, um den Verkehrsminister mit »Obst für Probst«-Rufen zu begrüßen und mit faulen Eiern und Tomaten zu bewerfen. Die offizielle Taufe wurde verhindert, das Schiff wurde dann aber spontan mit einer Flasche Bodenseewasser auf den Namen Vorarlberg getauft, wie es heute noch heißt.

Adresse Hafenstraße 20, 6972 Fußach, www.werft-fussach.at | ÖPNV Bus 15, 17, Haltestelle Fußach Altes Postamt, von dort gute 20 Minuten zu Fuß | Anfahrt auf der L 202 von Bregenz kommend gleich nach der Rheinbrücke beim Ortsschild rechts und der Beschilderung zur Werft folgen | Öffnungszeiten Mo–Fr 8–12 und 12.30–17 Uhr. Der Heimathafen des Schiffes selbst ist Bregenz, von wo es als Linienschiff nach Deutschland fährt. | Tipp Wenige Minuten entfernt liegt der gepflegte und sehr großzügig als Park angelegte FKK-Strand. Im Böschen 43, 6971 Hard (ist aber über Fußach zu erreichen), April, Mai, Sept. 9–19 Uhr, Juni–Aug. 9–20 Uhr

58 Die Kapelle Maria Schnee

Eine Legende und ein Leichentuch

In der südlichsten und flächenmäßig größten Gemeinde Vorarlbergs – Gaschurn ist größer als Liechtenstein – gilt Lukas Tschofen als Held. Der siegreiche Landsknechtführer kehrte aus dem Dreißigjährigen Krieg ungeheuer wohlhabend in seine Heimat zurück und ließ seine Gemeinde an seinem Reichtum teilhaben. Eines Tages wurde er von einer Lawine verschüttet und gelobte, er würde eine Kapelle an jenem Ort errichten, wo die Lawine ihn wieder ausspucken würde. Oder betete er am Krankenbett, dass er im Falle einer Genesung an jener Stelle eine Kapelle errichten wird, an der es im Sommer schneit? Wie bei Helden und Legenden üblich, ist die Grenze zwischen Fakt und Fiktion fließend. So soll er auch nicht durch Kriegsdienste, sondern durch die Heirat einer reichen Witwe zu Geld gekommen sein. Egal wie und warum, seit 1637 steht auf dem Bühel in Gaschurn ein wahres Schmuckstück.

Der Name der Kapelle Maria Schnee verweist auf das sogenannte Schneewunder, das Lukas Tschofen widerfahren sein soll. Das ursprüngliche Wunder geschah am 5. August, dem heutigen Patrozinium Unserer Lieben Frau vom Schnee, im Jahre 358. Ein Ehepaar träumte von der Gottesmutter Maria, die seinen Wunsch nach einem Kind erfüllen würde, wenn es ihr zu Ehren an jenem Ort eine Kirche errichtet, wo es am nächsten Morgen schneit. Und tatsächlich war im Hochsommer ein Hügel Roms eingeschneit.

Inzwischen sind mehrere Gotteshäuser Mariä Schnee geweiht. Neben der Legende bietet jene Kapelle in Gaschurn auch noch etwas fürs Auge. Die von außen schlichte Kapelle überrascht mit einer bemerkenswert üppigen Innenausstattung. Die spätbarocke Wandbemalung, die vielen Statuen und Bilder zeugen von einer frommen Bevölkerung. Doch man sollte die Blicke nicht nur nach oben richten, sondern auch auf den Unterbau des Altares. Dort befindet sich nämlich die einzige Darstellung des Turiner Grabtuches in Vorarlberg.

Adresse Lukas Tschofen Weg, 6793 Gaschurn | **ÖPNV** vom Bahnhof Schruns mit Bus 85, Haltestelle Gaschurn Zentrum, südlich des Zentrums zweigt ein kurzer ausgeschilderter Fußweg zur Kapelle ab | **Anfahrt** L 188 bis Gaschurn. Dort der Beschilderung ins Zentrum folgen, wo man das Auto abstellen kann, weiter wie oben | **Tipp** In Gaschurn befindet sich das erste Tourismusmuseum Österreichs, das sich inzwischen einem alpingeschichtlichen Schwerpunkt widmet. Dorf 9, 6793 Gaschurn, www.montafoner-museen.at, Sommer: Di–Fr, So 14–18 Uhr, Winter: Di–Fr 15–17 Uhr, Herbst und Frühling geschlossen. Führungen außerhalb der Öffnungszeiten nach Vereinbarung: Tel. 05556/74723

59__Vinnova

Ein Refugium des Genusses

Inmitten eines der größten Wintersportgebiete Österreichs sieht man viel Typisches: Bergbahnen, Touristen, Sportgeschäfte und natürlich die berühmten Skihütten, wo der Gast üblicherweise versucht, in allerkürzester Zeit Energie zu tanken. Die Liftkarte war schließlich teuer.

Durch die hohen Preise durchlebt der Wintersport einen Wandel vom Volkssport weg zu etwas, was man sich gönnt und genießt. Das Montafon bemüht sich dennoch, ein erschwingliches Familiengebiet zu bleiben, was man daran sieht, dass es hier im Gegensatz zu Lech keine Fünfsternehotels gibt. Auch möchte man sich durch besondere Angebote von den umliegenden Skigebieten abgrenzen, etwa durch spezielle Snowboard-Angebote oder die mit 81 Prozent Gefälle adrenalinproduzierende »Black Scorpion«-Piste.

Ein ganz besonderes Angebot vor allem für Gäste, die zum Genießen gekommen sind, schuf Sommelier Tom Riedl. Dort, wo man es am wenigsten erwartet, in einer ehemaligen Tenne einer Skihütte, findet man ein wahres Eldorado: die höchstgelegene Weinstube Vorarlbergs. Der schlicht-schön gestaltete Raum mit den wenigen Tischen steht im absoluten Kontrast zu den benachbarten Gastronomiebetrieben, aber nicht als Konkurrenz, sondern als Ergänzung. Hier darf der Gast auch einen ganzen Vormittag an seiner Tasse Tee nippen, ohne dass er gebeten wird, den Tisch frei zu machen. Zum Tee wird Honig aus dem Tal gereicht, und auch sonst sind alle Speisen regional und frisch zubereitet. So stammt der Ziegenkäse von der Alpe Nova, die man von der Terrasse aus sieht, und der Eistee wird mit Kräutern vom eigenen Hochbeet zubereitet. Regionalere Zutaten sind kaum möglich. Auch die Weine sind großteils aus Österreich, wobei sich bekannte Namen und Jungwinzer die Waage halten. Die restlichen Tropfen kommen aus den Nachbarländern. Besonders ist außerdem die Preisgestaltung, die es erlaubt, auch mit wenig Budget sehr gute Weine zu probieren.

Adresse unweit der Bergstation der Versettla Bahn, 6794 Gaschurn, www.silvretta-montafon.at/vinnova | ÖPNV vom Bahnhof Schruns mit Bus 85, Haltestelle Gaschurn Versettla Bahn, weiter mit der Bahn oder im Sommer zu Fuß | Anfahrt auf der L 188 durch das Montafon bis zur Versettla-Bahn in Gaschurn, weiter wie oben | Öffnungszeiten Mi–So 8.30–16.30 Uhr | Tipp In der Alpe Nova, eine gute halbe Stunde zu Fuß von der Vinnova, kann man im Sommer Sura Kees probieren, eine lokale Käsespezialität, Tel. 05557/6862. Montags werden dorthin auch geführte Wanderungen ab Gortipohl angeboten, Infos über Montafon Tourismus, www.montafon.at, Tel. 050/6686.

60 Der Silvrettasee-Rundweg

Spaziergang im Höhenrausch

Zugegeben, der Silvretta-Stausee ist kein Geheimtipp, der nur wenigen Insidern bekannt ist. Aber er ist ein Ort in Vorarlberg, den man gesehen haben muss. Schon die Anreise über die Silvretta-Hochalpenstraße hat etwas Besonderes, während man auf 32 Serpentinen die Baumgrenze überwindet, weshalb auch immer wieder Oldtimer-Rallyes oder Radrennen veranstaltet werden. Apropos Rad. Es ist das einzige Verkehrsmittel, das keine Maut zu zahlen hat. Wem die bis zu zwölfprozentige Steigung zu viel ist, kann die Höhenmeter auch mittels Elektrorad überwinden.

Bis vor wenigen Jahren hätte man rein theoretisch auch per Bahn bis auf die Bielerhöhe fahren können. Von Tschagguns nach Partenen gab es eine Schmalspurbahn, die inzwischen zum Radweg umgebaut wurde. Von Partenen fuhr man mittels Schrägaufzug – heute fährt hier eine Seilbahn, und darunter ist Europas längste gerade Treppe mit knapp 4.000 Stufen – nach Trominier und von dort mit der Höhenbahn zum Vermuntsee unterhalb des Silvrettasees.

Die gesamte Anlage diente zum Güter- und Personaltransport, vor allem während des Baus der Kraftwerke und Stauseen. Da der Bau in die NS-Zeit fiel, wurden viele Kriegsgefangene und Zwangsarbeiter unter unmenschlichsten Bedingungen eingesetzt, zu deren Gedenken 2008 an der Barbarakapelle auf der Bielerhöhe eine Gedenktafel angebracht wurde.

Die Barbarakapelle ist auch ein guter Ausgangspunkt für die Wanderung um den Silvrettasee. Eingebettet in eine schöne Bergkulisse mit Blick auf Dreitausender, lässt sich der See in gut zwei Stunden umrunden. Der Weg ist nicht schwer zu gehen und somit für die ganze Familie geeignet. Bis vor wenigen Jahren konnte man den See auch mit dem höchstgelegenen Linienschiff Europas überqueren, das in einem ehemaligen Lokschuppen der Tschagguns-Partenen-Bahn überwinterte, während bei entsprechender Eisschicht auf dem See eine Langlaufloipe errichtet wurde.

Adresse Silvretta Hochalpenstraße, 6794 Partenen | **ÖPNV** vom Bahnhof Schruns mit dem Bus 85, Haltestelle Bielerhöhe Silvrettasee, im Winter ab Partenen mit der Vermuntbahn und weiter mit dem Tunnelbus | **Anfahrt** durch das Montafon immer der L 188 folgen, ab Partenen mautpflichtig, außer für Fahrräder | **Tipp** Kurz vor der Mautstation Partenen gibt es einen schön angelegten 9-Loch-Golfplatz, www.golfclub-silvretta.at, von Mai bis Okt. von Sonnenaufgang bis Sonnenuntergang.

61 Die JET-Tankstelle

Mit dem Auto in die 50er Jahre

Wenn man in Deutschland jemandem erzählt, man komme aus Bregenz, passiert es häufig, dass diese Stadt als erste Reaktion mit »Stau vor dem Pfändertunnel« assoziiert wird. Seit dem Bau der zweiten Tunnelröhre sind die Staus passé, dennoch weichen viele auf die Landstraße aus, was dort wiederum Staus verursacht. Klar – wozu soll man für das kurze Stück auf der Autobahn eine Gebühr entrichten? Diese von den Einheimischen mit einem Zwinkern als Vignettenflüchtlinge betitelten Gäste kommen nun mal gerne mit dem Auto. Beispielsweise zum Wandern oder Skifahren in den Bregenzerwald, zur Durchreise in die Schweiz oder zum Tanken. Die grenznahen Tankstellen sind mit entsprechend vielen Zapfsäulen ausgestattet.

Wenn man jedoch weiter ins Landesinnere fährt, ist nicht nur der Sprit günstiger, es kann auch sein, dass man, ohne es zu wissen, an einer ganz besonderen Tankstelle anhält. Zum Beispiel an der JET-Tankstelle in Götzis. Sie ist nämlich ein Original aus den 50ern. Dem US-amerikanischen Vorbild entsprechend hätte daneben auch ein Motel gebaut werden sollen, was jedoch nicht mehr realisiert wurde. Trotzdem hat das Gebäude den Flair eines US-Road-Movies, was vor allem an der bemerkenswerten Flugdachkonstruktion liegt. Mit minimalistischer Architektur wird der Eindruck von Schwerelosigkeit erzeugt. Das ist typisch für die Formsprache von Verkehrsbauten wie Bahnhöfen oder Flughäfen der damaligen Zeit, die nur wenige Gebäude überlebten. Ganz im Gegensatz zu dieser Tankstelle, die beweist, dass Verkehrsbauten der Nachkriegszeit immer noch sinnvoll genutzt werden können.

Nach einem längeren Leerstand wurde das Gebäude vor wenigen Jahren originalgetreu saniert, inklusive der grellen Neonbeleuchtung in der Nacht. Die Tankstelle ist stellvertretend für die optimistische Architektur der 50er Jahre und steht deshalb sogar seit 2003 unter Denkmalschutz.

Adresse Lustenauer Straße 2, 6840 Götzis | **ÖPNV** Bus 23a, 53, Haltestelle Götzis Gasthaus Kobel | **Anfahrt** von Götzis oder Hohenems auf der L 190 oder von Altach und Lustenau auf der L 203, die Tankstelle ist am Kreisverkehr | **Öffnungszeiten** 5.30–23.30 Uhr, abends interessante Beleuchtung. Kraftstoff ist aufgrund der Spritpreisverordnung in ganz Österreich immer kurz vor 12 Uhr am günstigsten! | **Tipp** Wem diese Architekturepoche gefällt, sollte das Metro Kino Bregenz in der Rheinstraße 25 besuchen, das ebenfalls in den 50er Jahren erbaut wurde.

62 Das Wasserhaus

Dem Wasser einen Raum zur Wertschätzung geben

Zwischen Götzis und Klaus erstreckt sich ein Wald, in dem seit dem 17. Jahrhundert ein kalbsgroßer schwarzer Hund mit tellergroßen Augen und zotteligem Fell haust. Während der Schwedenkriege führte ein Verräter die Feinde heimlich über den Pfänder nach Bregenz, die so die gut befestigte Klause zwischen Bregenz und Lochau umgingen. Als Strafe wurde er in den Klushund verwandelt, der immer wieder Menschen in ganz Vorarlberg angriff, häufig im Kluser Wald.

Doch in diesem finsteren Wald erhellt eine Lichtung den Weg. Auf dieser Lichtung, nahe der Kirche St. Arbogast, entstand 1960 ein Jugendhaus, für das sich viele Jugendliche der Katholischen Jugend eingesetzt haben. Aus dem Jugendhaus entstand allmählich eine Stätte für Bildung, Begegnung und Entwicklung. Das in ganz Vorarlberg bekannte und beliebte Haus bietet neben Seminaren zu Gesellschaft, Familie, Kreativität und Spiritualität auch die Möglichkeit, sich eine Auszeit zu nehmen. Das weiträumige Gelände und die umliegenden Wälder laden zum Spazieren, Meditieren und Verweilen ein.

Ein Weg führt zu einem durchlöcherten Betonkubus, dem Wasserhaus. Betritt man dieses Kunstwerk, findet man in ihm ein Wasserbecken und einen Brunnen. Durch die Löcher erinnert die Außenwand an eine Membran, die Licht, Wind und Regen durchlässt. Diese äußeren Einflüsse kann man auf der Oberfläche des Wasserbeckens beobachten. In dem Würfel mit fünf Metern Kantenlänge und 820 25 Zentimeter großen kreisrunden Löchern, die den Wänden ein Luft-Beton-Verhältnis von 1:2 verleihen, entsteht ein spannender Dialog zwischen Offenheit und Geschlossenheit, Schutz und Ausgesetztheit, Innen und Außen.

Es ist das Ergebnis eines Kunstprojektes, das sich mit dem Thema Wasser auseinandersetzt. Da es meist reichlich vorhanden ist, verlernt man, das Wasser als etwas Wertvolles, Lebengebendes wahrzunehmen und zu schätzen.

Adresse Jugend- und Bildungshaus St. Arbogast, Montfortstraße 88, 6840 Götzis, www.arbogast.at | ÖPNV vom Bahnhof Götzis mit Bus 60, Haltestelle Götzis St. Arbogast | Anfahrt Autobahn A 14 in Götzis oder Altach verlassen, ins Ortszentrum von Götzis fahren und der Beschilderung St. Arbogast folgen. Man verlässt Götzis durch einen Wald, in der Lichtung rechts hoch, parken beim Bildungshaus möglich. Das Wasserhaus befindet sich wenige Gehminuten unterhalb. | Tipp Von St. Arbogast aus erreicht man zu Fuß in etwa einer halben Stunde die schöne Örflaschlucht.

63 Der Flugplatztower

Der Ländle-»Airport«

Es gab schon viele Überlegungen, in Vorarlberg einen Flughafen zu errichten. Zur Auswahl standen unter anderem Höchst oder das Ried zwischen Dornbirn und Lustenau. Konkret wurden die Baupläne aber nie verfolgt. Stattdessen bekam der Flugplatz in Hohenems, der nach dem Zweiten Weltkrieg alle anderen Flugplätze in Vorarlberg ersetzte, eine asphaltierte Landebahn und wurde nach und nach erweitert, bis in den 1980er Jahren für kurze Zeit sogar Linienflüge nach Wien angeboten wurden. Da die Landebahn für größere Maschinen zu kurz war, wich die damalige Gesellschaft Rheintalflug in das nahe gelegene Altenrhein in der Schweiz aus.

Somit gibt es in Vorarlberg keinen Flughafen. Ein Flugplatz ist nämlich erst dann ein Flughafen, wenn er über eine gewisse Infrastruktur verfügt und für den regelmäßigen Passagier- und Frachtverkehr ausgelegt ist. Dennoch hat Hohenems alles, was ein richtiger Flugplatz braucht, sogar einen eigenen IATA-Code: HOH. Als neuester Ausbau wurde 2005 das Kontrollzentrum mit dem markanten Tower errichtet. Darin befindet sich nicht nur ein Hangar für den Polizeihubschrauber, sondern auch ein viel gelobtes Panoramarestaurant, von wo aus man die Flugbewegungen beobachten kann.

Wen die Lust am Fliegen gepackt hat, der kann sich hier ebenfalls informieren und sich entweder bei einem der zehn ansässigen Flugvereine anmelden oder einen Rundflug buchen. Es ist ein unvergessliches Erlebnis, Vorarlberg und den Bodensee von oben zu sehen. Wem sogar das zu langweilig ist, der sollte einen Tandemsprung aus 4.000 Metern Höhe wagen. Ein Sprungticket eignet sich auch gut als Geschenk, zum Beispiel für Freunde oder die Schwiegermutter.

Ein Ausflug zum Flugplatz ist jedenfalls immer wieder spannend, auch mit Kindern. Für Kinder mit Handicap oder einer schweren Krankheit veranstaltet der Flugplatz unter der Regie des Rundflug-Teams einmal im Jahr einen Kinderflugtag.

Adresse Schollenstraße 20, 6845 Hohenems, www.loih.at | **ÖPNV** Bus 22, 23, Haltestelle Hohenems Furchgasse, Straßenbeschilderung »Flugplatz« folgen | **Anfahrt** auf der L 190 zwischen Dornbirn und Hohenems auf Höhe der OIL!-Tankstelle abbiegen und der grünen Beschilderung »Flugplatz« folgen | **Anflug** Piste: 05/23 630 x 18m Asphalt, GPS: N47 23.1 – E 09 42.0 | **Öffnungszeiten** im Sommer von 8 Uhr bis zur Dämmerung, spätestens 20 Uhr, im Winter von 9 Uhr bis zur Dämmerung, Sonn- und Feiertage grundsätzlich am frühen Nachmittag geschlossen | **Tipp** Im größten Freibad Westösterreichs, dem Erholungsgebiet Rheinauen, kann man sich im alten Rhein abkühlen oder im Sportbecken seine Bahnen ziehen, im Pool entspannen oder im Kinderbecken spielen. www.rheinauen.at

64 Der Palast

Die Wiederentdeckung des Nibelungenliedes

Eigentlich erhielt die jüngste Stadt Vorarlbergs das Stadtrecht bereits 1333, aber da das Geld für eine Stadtmauer fehlte, wurde es nie realisiert. 650 Jahre später wurde Hohenems dann offiziell zur Stadt erhoben, auch ohne Mauer. Wann genau der Flecken besiedelt wurde, lässt sich nicht mehr nachvollziehen, der Ort muss aber bereits im 12. Jahrhundert bedeutsam gewesen sein. Die Burganlage Alt-Ems, damals mit 350 Metern die mächtigste weit und breit, zeugt davon.

Sie gehörte und gehört immer noch den Herren von Ems, deren Geschichte rund 850 Jahre zurückverfolgt werden kann und stark mit Hohenems verbunden ist. Die Nachfahren dieses Geschlechtes – die spannende Geschichte en détail würde den Rahmen dieses Buches sprengen – bewohnen die schönste Immobilie der Stadt in bester Lage, den Palast. Im bedeutendsten Renaissancebau Westösterreichs wohnt die Grafenfamilie von Waldburg-Zeil, die auch die Burgen Alt- und Neu-Ems ihr Eigen nennen darf. Lange stand der Palast leer oder wurde als Kaserne genutzt, bevor er 1882 aus dem Dornröschenschlaf erweckt und bewohnbar gemacht wurde.

Über die Grenzen des Landes hinaus bekannt wurde der Palast durch das Premierenkonzert der ersten Schubertiade 1976, noch mehr aber durch die Entdeckungen der Handschriften A und C des Nibelungenliedes im späten 18. Jahrhundert. Sie sind die wichtigsten Niederschriften der bekannten Nibelungensage und wurden wahrscheinlich um 1200 verfasst. Die Ursprünge der in unzähligen Versionen überlieferten Sage reichen bis in das Zeitalter der Völkerwanderung zurück, als die Hunnen in Europa wüteten. Seit seiner Wiederentdeckung im 19. Jahrhundert gilt das Nibelungenlied als deutsches Nationalepos und Siegfried als deutscher Nationalheld. Die in Hohenems gefundenen Handschriften sind in der Badischen Landes- und Bayerischen Staatsbibliothek ausgestellt und zählen zum Weltdokumenterbe der UNESCO.

Adresse Schlossplatz 8, 6845 Hohenems, www.palast-hohenems.at | ÖPNV 10 Gehminuten vom Bahnhof Hohenems oder Bus 23, 23a, 53, 55, 303, Haltestelle Hohenems Schlossplatz | Anfahrt Autobahn A 14 in Hohenems verlassen und der Beschilderung nach ins Zentrum fahren | Öffnungszeiten Besichtigung nur von außen möglich, da bewohnt. Wenn das Tor offen ist, darf man sich den Innenhof ansehen. Für Gruppen können Führungen organisiert werden, manchmal auch für Einzelpersonen. Rufen Sie einfach an: Tel. 05576/74555 | Tipp Vom Zentrum aus führt ein Wanderweg auf die Burgruine Alt-Ems, von der aus man einen wunderschönen Blick über das Rheintal genießt.

65 Der Salomon-Sulzer-Saal

Die ehemalige Synagoge

1617 begann das jüdische Leben in Hohenems. Der Graf verfasste einen Schutzbrief, damit eine jüdische Gemeinde aufgebaut werden durfte, und erhoffte sich dadurch einen wirtschaftlichen Aufschwung. Im 18. Jahrhundert florierte das Leben, über 500 Juden lebten in Hohenems im Einklang mit den Christen, und man ging gerne gemeinsam ins Kitzinger, das erste Kaffeehaus Österreichs. Nachdem es ab 1867 den Juden gestattet war, den Wohnort frei zu wählen, verließen die meisten Gemeindemitglieder die Stadt. Als das dunkelste Kapitel des letzten Jahrhunderts in Vorarlberg begann, lebten gerade einmal 35 Juden in Hohenems. Die Zeit war so dunkel, dass sie ihren Schatten manchmal bis in die Gegenwart wirft. Als letzte Jüdin Vorarlbergs wurde 1942 Frieda Nagelberg von Hohenems nach Theresienstadt deportiert.

Nach dem Krieg kehrte keines der Gemeindemitglieder zurück, dennoch gilt das jüdische Viertel von Hohenems als eines der besterhaltenen Ensembles jüdischer Geschichte. Neben den Bürgerhäusern sind sämtliche soziale und religiöse Bauten erhalten, wie die Schule, das Armen- und Altenhaus, das Ritualbad und natürlich die Synagoge.

Erbaut von einem Bregenzerwälder Barockbaumeister, ist das Gebäude ein einzigartiges Beispiel einer Landsynagoge im Übergang vom Spätbarock zum Klassizismus. Im Krieg bis auf das beschlagnahmte Inventar weitestgehend verschont geblieben, wurde sie 1955 zu einem Feuerwehrhaus umgebaut, was zur Zerstörung sämtlicher religiöser Elemente führte.

In den 2000er Jahren zog die Feuerwehr aus und die Musikschule ein. Der Festsaal wurde nach Salomon Sulzer benannt, einem herausragenden Hohenemser Bariton, der als Reformator des Synagogengesangs bekannt wurde und Komponisten der Früh- und Hochromantik seine Freunde und Bewunderer nennen durfte, darunter Franz Liszt, Robert Schumann, Niccolò Paganini und – wichtig für Hohenems – Franz Schubert.

Adresse Schweizer Straße 21, 6845 Hohenems, www.salomonsulzersaal.com | **ÖPNV** 10 Gehminuten vom Bahnhof Hohenems oder Bus 23, 23a, 53, 55, 303, Haltestelle Hohenems Jakob-Hannibal-Straße, Bus 22, 23, Haltestelle Hohenems Salomon-Sulzer-Straße | **Anfahrt** Autobahn A 14 in Hohenems verlassen und der Beschilderung nach ins Zentrum fahren | **Öffnungszeiten** nur bei Veranstaltungen | **Tipp** Wenige Schritte entfernt findet man das renommierte und überregional bekannte Jüdische Museum unter der Leitung des herausragenden Publizisten Hanno Loewy. Schweizer Straße 5, 6845 Hohenems, www.jm-hohenems.at, Di–So 10–17 Uhr

66 Die Schubertiade-Museen

Sieben exklusive Museen zu Schubert und Hohenems

Der Hohenemser Kulturmanager Gerd Nachbauer und der deutsche Bariton Hermann Prey haben sich zum Ziel gesetzt, sämtliche Werke Schuberts chronologisch in über 20 Jahren aufführen zu lassen. Daraus ist die Schubertiade entstanden, das bedeutendste Schubert-Festival der Welt. Der Name Schubertiade ist jedoch nicht neu, sondern wurde schon zu Schuberts Lebzeiten für seine privaten Hauskonzerte verwendet.

Die Vorarlberger Schubertiade setzt sich aus mehreren Konzertzyklen zusammen, die an verschiedenen Orten stattfinden, hauptsächlich in den akustisch hervorragenden Sälen in Schwarzenberg und Hohenems, wo mit der Zeit ein eigenes Schubertiade-Quartier mit mehreren Museen entstanden ist.

Wir beginnen natürlich mit dem Franz-Schubert-Museum, das dem Leben und Werk des Komponisten gewidmet und in einem schönen Gebäude untergebracht ist. Bemerkenswert sind auch die Rokoko-Stuckdecke im Hörsalon und der Garten, der einen Blick in das historische Zentrum erlaubt. Thematisch schließt daran das Schubertiade-Museum an, wo Persönlichkeiten im Mittelpunkt stehen, die sich um Schubert verdient gemacht haben. Im selben Haus findet man das Schuhmacher-Museum in einer komplett ausgestatteten ehemaligen Schuhmacher-Werkstatt. Das Elisabeth-Schwarzkopf-Museum beherbergt den musikhistorisch bedeutendsten Teil des Nachlasses der herausragenden Sängerin. Ihrem Mann, dem zu seiner Zeit wichtigsten Schallplattenproduzenten für klassische Musik, Walter Legge, ist ebenso ein eigenes Museum gewidmet. Das Nibelungen-Museum setzt sich mit Wagners »Ring des Nibelungen« auseinander, da Hohenems als Fundort zweier Handschriften des Nibelungenliedes eine wichtige Rolle in der Verbreitung dieses Epos gespielt hat. Im Foyer des Markus-Sittikus-Saales zeigt eine Ausstellung die Geschichte des Hohenemsers, der als Fürsterzbischof das Stadtbild Salzburgs geprägt hat.

Adresse Zentrum von 6845 Hohenems | **ÖPNV** 10 Gehminuten vom Bahnhof Hohenems oder Bus 23, 23a, 53, 55, 303, Haltestelle Hohenems Schlossplatz | **Anfahrt** Autobahn A 14 in Hohenems verlassen und ins Zentrum fahren | **Öffnungszeiten** nur während der Schubertiade-Zyklen, Termine: www.schubertiade.at, Besichtigungen auch außerhalb der Öffnungszeiten auf Anfrage möglich: Tel. 05576/72091 | **Tipp** Das Schlosskaffee Fenkart ist vor allem aufgrund seiner eigenen Schokoladenmanufaktur sehr beliebt. Schlossplatz 10, 6845 Hohenems, Mi–Mo 9–19 Uhr. Im Herbst wöchentliche Führungen durch die Manufaktur, Anmeldung und Information unter Tel. 05576/72356, www.schokoladengenuss.at

67 Der Musiksaal der Villa Grünau

Der Prunksaal eines Elektropioniers

Im Herzen Kennelbachs versteckt sich in einer Villa die Gemeindevertretung des Ortes, der vor rund 100 Jahren vom heutigen Bregenzer Stadtteil Rieden unabhängig wurde. Das prunkvolle Gebäude erhielt Friedrich Wilhelm Schindler 1887 von seinem Vater als Hochzeitsgeschenk. Kennelbach und die Familie der Textilfabrikanten Schindler blicken auf eine lange gemeinsame Geschichte zurück.

Direkt am damals wichtigsten Energielieferanten – der Wasserkraft – gelegen, war Kennelbach ideal für den Bau einer großen Baumwollspinnerei. Für einen kargen Lohn mussten die Arbeiter, darunter auch Kinder, täglich 13 Stunden arbeiten, und trotz damals unüblicher Sozialeinrichtungen verblieb der große Gewinn bei den Fabrikantenfamilien. Um die wirtschaftliche Macht zu unterstreichen, entstanden Ende des 19. Jahrhunderts vielerorts prunkvolle Industriellenvillen.

Aber die Kennelbacher Villa Grünau war mehr als ein protziges Machtdemonstrationsmonument. Es war die Ideenfabrik eines Elektropioniers. Hier experimentierte Friedrich Wilhelm Schindler mit dem elektrischen Strom, den er während einer Ausstellung in Paris 1881 kennengelernt hatte. Er baute die erste vollelektrische Küche und die erste im Haus integrierte Staubsaugeranlage der Welt, den ersten elektrischen Generator Österreichs. Sein Betrieb war der erste in Österreich mit elektrischer Beleuchtung, und in seinem Haus leuchteten die ersten Glühlampen Österreichs.

Wie damals üblich wurde in der Villa auch ein schöner Salon für Repräsentationszwecke errichtet. Die Pläne für den beeindruckenden Musiksaal im Stil der deutschen Neorenaissance mit Bleiglasfenstern, Holzvertäfelungen, Malereien und interessanten Glühbirnen stammen vom Stuttgarter Architekten Paul Stotz. Doch des Prunkes nicht genug, ist auch der weitläufige Park mit seiner Tuffsteingrotte und seinem bemerkenswerten Baumbestand Ausdruck des Wohlstandes.

Adresse Friedrich-Schindler-Straße 1, 6921 Kennelbach | ÖPNV Bus 13, 35, Haltestelle Kennelbach Postamt, von dort über die Brücke gehen und die nächste Möglichkeit links, nach etwa 200 Metern ist links der Eingang zum Park | Anfahrt Autobahn A 14 bei Bregenz-Weihdach verlassen und der Beschilderung nach Kennelbach folgen, im Ortszentrum nach der Kurve sofort hinter der Brücke links abbiegen. Kurz nach der Einmündung befinden sich rechts Parkplätze, links der Eingang zum Park. | Öffnungszeiten nur bei Veranstaltungen öffentlich zugänglich oder unter Umständen auf Nachfrage bei der Gemeinde (Tel. 05574/7189811) | Tipp Die Alte Mosterei bietet Feinkostspezialitäten aus aller Welt. Im Oberdorf 2a, 6921 Kennelbach, www.alte-mosterei.at, Do und Fr 9–12 und 14–18 Uhr sowie nach telefonischer Vereinbarung: Tel. 05574/841418

68_Das Denkmal …

… für die beim Bau des Arlbergtunnels verstorbenen Arbeiter

Der nicht sehr ernst gemeinte Vorarlberg-Separatismus argumentiert: »Was Gott durch einen Berg getrennt hat, darf der Mensch nicht mit einem Tunnel verbinden.« Heute sind die Verkehrswege durch den Arlberg eine wichtige Verbindung zwischen Vorarlberg und »Innerösterreich«. Die Idee für den Tunnel hatten jedoch die Engländer, als sie 1845 ihre Postverbindung nach Ägypten und Indien beschleunigen wollten. Später fand auch das österreichische Handelsministerium Gefallen an der Idee, eine innerösterreichische Bahnstrecke vom Bodensee an die Adria und von Wien nach Zürich zu errichten und so deutsches Staatsgebiet zu umfahren.

Somit stand der Arlbergbahn von Innsbruck nach Bludenz nichts mehr im Wege, außer der Arlberg selbst. Die Idee einer Zahnradbahn wurde zugunsten des Arlbergtunnels verworfen, dem damals drittlängsten Tunnel der Welt nach dem Gotthard- und dem Mont-Cenis-Tunnel. Um die Strecke im Rekordtempo fertigzustellen, arbeiteten bis zu 15.045 Personen gleichzeitig an der größten Baustelle der K.-u.-k.-Monarchie. Die allermeisten kamen aus dem damals bitterarmen Trentino. Doch auch für Einheimische bedeutete der Bau und Betrieb der Arlbergbahn einen enormen wirtschaftlichen Aufschwung. Tausende Trentiner mussten ja irgendwo wohnen und essen, weshalb im Klostertal Dutzende Gasthäuser ihre Pforten öffneten.

Doch der Tunnel warf auch seinen Schatten. Der Bau war gefährlich, und alleine bei der Konstruktion des Tunnels fanden 183 Männer den Tod. Als 1884 der Tunnel vollendet war, stiftete die Baufirma Gebrüder Lapp einen Gedenkstein. Fernab ihrer Heimat und Verwandten gerieten die Verstorbenen bald in Vergessenheit, die Erinnerung an sie verblasste, und Friedhöfe wurden aufgelöst. Auf Ansuchen des Roten Kreuzes wurde der Gedenkstein 1936 saniert und auf seinen heutigen Platz versetzt, wo er mit Blick auf das Westportal der Seelen der Verstorbenen gedenkt.

Adresse gegenüber der modernen Kirche der Heiligen Theresia, 6754 Klösterle-Langen am Arlberg | **ÖPNV** 5 Minuten zu Fuß vom Bahnhof Langen a. A., wo Fernverkehrszüge und die Busse 90 und 91 halten, den Bahnhof nach rechts verlassen und der Straße etwa 150 Meter bergauf folgen | **Anfahrt** Schnellstraße S 16 bei der Ausfahrt Langen a. A./ Klösterle verlassen und Richtung Arlbergpass/Lech fahren, Denkmal kurz nach dem Bahnhof auf der rechten Seite | **Tipp** In Richtung Lech oder Arlberg lohnt ein Unterwegshalt in Stuben und dort im hervorragenden Restaurant Fuxbau, 6762 Stuben, www.restaurant-fuxbau.at. Die saisonal unterschiedlichen Öffnungszeiten sind auf der Homepage abrufbar.

69__BUS:STOP

Sieben sehr spezielle Buswartehüsle

Inzwischen ist die Vorarlberger Architektur weltweit bekannt, vor allem aufgrund der sehr gelungenen Verbindung zwischen Tradition und Moderne. Insbesondere der Bregenzerwald gilt vielerorts als Vorbild für diesen Brückenschlag. Aus heimischen Materialien werden von Handwerkern Gebäude in zeitgenössischen und zeitlosen Formen erschaffen, und dies gilt sowohl für private als auch öffentliche Bauwerke. Ein herausragendes Beispiel für die Verknüpfung von Alt und Neu sind die Bushaltestellen in Krumbach. Für eine ländliche Gegend ist der Bregenzerwald mit dem Wälderbus sehr gut und meist in einem Taktfahrplan erschlossen. Über 400 zeitlose und für den Bregenzerwald typische Buswartehäuschen aus Holz erzeugen einen harmonischen Gesamteindruck des öffentlichen Personenverkehrs.

Als in Krumbach die Diskussion aufkam, einige Bushaltestellen neu zu errichten, ging man einen Schritt weiter. In einer beispielhaften Kooperation entstand das mehrfach prämierte Projekt BUS:STOP. Sieben internationale Architekten aus Asien, Europa und Südamerika entwarfen gemeinsam mit einem Partnerarchitekten aus Vorarlberg je ein Wartehäuschen. Alle Handwerksarbeiten wurden von Firmen aus dem Bregenzerwald ausgeführt, und jeweils ein großes Vorarlberger Unternehmen fungierte als Hauptsponsor. Somit blieb die Wertschöpfung im Land, und es entstand eine gelungene Zusammenarbeit auf mehreren Ebenen.

Auf dem Bild ist die Haltestelle Bränden zu sehen, die der japanische Architekt Sou Fujimoto entwarf. Seine Idee einer neuen Vereinigung von Architektur und Natur soll Letztere nicht imitieren, sondern in einen Dialog mit ihr treten, weshalb diese Haltestelle im Gegensatz zu den anderen sechs nicht als Schutz vor Niederschlag dient. Vielmehr lässt sich durch die Treppe inmitten des Waldes aus dünnen Stahlstangen der Blickwinkel auf die Umgebung und die Wahrnehmung derselben verändern.

Adresse 6942 Krumbach | ÖPNV Bus 25, Haltestelle Krumbach Bränden | Anfahrt L 205 zwischen Krumbach und Hittisau | Tipp In Hittisau befindet sich Österreichs einziges Frauenmuseum und überhaupt eines der wenigen im ländlichen Raum. Platz 501, 6952 Hittisau, www.frauenmuseum.at, Mi 14–17 Uhr, Do–So 10–17 Uhr

70 Die Kapelle Salgenreute

Das Werk einer starken Gemeinschaft

Immer wieder zeigt sich, wie sehr sich Menschen mit einem besonderen Ort oder Gebäude verbunden fühlen. Gemeinsame Interessen stärken die Gemeinschaft ebenso wie gemeinsame Sorgen. Die Sorge einiger Krumbacher war der Zustand der um 1880 errichteten Lourdes-Kapelle, weshalb sich 2013 eine Gruppe aus Nachbarn und Interessierten bildete, die sich für den Erhalt des kleinen Gotteshauses starkmachte. Ernüchternd muss die Erkenntnis gewesen sein, als feststand, dass die Kapelle nicht mehr saniert werden konnte. Um die Kapelle würdevoll zu beerben, entschied sich das Kapellen-Team für einen Neubau an gleicher Stelle. Solch ein Neubau kostet jedoch nicht wenig Geld, und dann schafften die Menschen in Krumbach etwas Wundervolles.

Der begabte Bregenzerwälder Architekt Bernardo Bader, der auch den Islamischen Friedhof in Altach plante, erklärte sich bereit, ehrenamtlich die Kapelle zu entwerfen und die Bauarbeiten zu organisieren. Sowohl der Abriss des Vorgängerbaus als auch der Neubau wurde größtenteils durch ehrenamtliche Helfer durchgeführt. Wenn Fachkräfte vonnöten waren, wurden Profis aus Krumbach und den Nachbargemeinden hinzugezogen, die ebenso ehrenamtlich oder für wenig Geld ihr Engagement einbrachten. Private Spenden finanzierten fast die gesamten Ausgaben. Den Rest, einen geringen fünfstelligen Betrag, steuerte die Gemeinde Krumbach bei.

Beeindruckend, was eine Gemeinschaft zusammen baut, was wiederum die Gemeinschaft zusammenschweißt. Das Ergebnis kann sich durchaus sehen lassen. Die schlichte, ja fast minimalistische Kapelle mit dem spitzen Dach und einem Mantel aus Lärchenschindeln ist ein Akzent, der sich unaufdringlich in die Landschaft einfügt. Nicht nur heimisches Holz, sondern auch Sandstein aus Alberschwende wurde verwendet, was noch einmal die Regionalität hervorhebt. Von Internationalität zeugen verschiedene Architekturpreise.

Adresse Salgenreute 116, 6942 Krumbach | **ÖPNV** Bus 25, Haltestelle Krumbach Zwing oder Bus 29, Haltestelle Krumbach Wolfbühl, jeweils ungefähr 20 Minuten zu Fuß | **Anfahrt** auf der L 205 bis Krumbach fahren und im Ortszentrum parken (keine Parkmöglichkeit bei der Kapelle), von dort etwa eine halbe Stunde zu Fuß; Salgenreute und später Lourdes-Kapelle sind ausgeschildert | **Tipp** Unweit von Krumbach in Riefensberg kann man in der Juppenwerkstatt in die Geschichte der traditionellen Tracht der Bregenzerwälderinnen eintauchen und die Näherinnen beim Handwerk beobachten. www.juppenwerkstatt.at, Di 10–12 Uhr, Fr 10–12 und 14–16 Uhr. Öffnungszeiten können variieren, stehen aber auf der Homepage, genauso wie die Termine für Führungen.

71_Der ehemalige Gasthof Adler

Vorbildliche Renovierung mit besonderen Fenstern

Wer von Krumbach nach Egg fährt, sollte einmal ein paar Minuten mehr einplanen und über Langenegg fahren. Es ist einer dieser Orte, die auf den ersten Blick etwas unscheinbar wirken mögen. Wenn man sich aber ein bisschen Zeit nimmt, lernt man wahre Schätze kennen. Auf einem Hügel gelegen, bietet der Ortsteil Kirchdorf ein sehr stimmiges Dorfensemble. Das Zentrum bildet, wie es der Name vermuten lässt, die spätbarocke Kirche. Ein Blick hinein lohnt sich, denn das Deckengemälde, das die Vertreibung der Händler aus dem Tempel darstellt, zeigt Frauen in der Bregenzerwälder Tracht.

Gegenüber dem Gotteshaus stand früher üblicherweise immer ein Gasthaus. In Langenegg waren es sogar drei: Engel, Dreikönig und Adler. Alle drei sind inzwischen keine Gastwirtschaften mehr, aber die Gemeinde und die Bürger setzen sich für die Denkmalpflege der alten Gebäude als Teil des Ortsbildes ein. Dieser Einsatz wurde 2009 mit dem Baukulturgemeinde-Preis ausgezeichnet.

Nachdem der Gasthof Adler viele Jahre leer stand, wurde er in Eigenregie liebevoll restauriert. Dabei wurde besondere Rücksicht auf den Charakter des Hauses sowie dessen gut erhaltene Inneneinrichtung genommen. Sogar der Mittelflur, typisch für die Bregenzerwälderhäuser des Vorderwaldes, an denen der Einfluss des Allgäuerhauses sichtbar ist, blieb erhalten. Die Sanitärräume für die vier Wohnungen wurden in Zimmern untergebracht, deren Ausstattung nur spärlich vorhanden war, während die ehemaligen Wohn- und Gasträume ihr ursprüngliches Aussehen bewahrt haben.

Von außen sieht man das, was das Haus so besonders macht, nämlich die weißen Holzfenster mit den grünen Läden im Obergeschoss. Die Wälderfenster aus dem 19. Jahrhundert haben kleine Flügel und Schieber, die für eine energieeffiziente Durchlüftung bei geschlossenen Fenstern sorgen.

Adresse Kirchdorf 7, 6941 Langenegg | **ÖPNV** Bus 29, Haltestelle Langenegg Kirche | **Anfahrt** auf der L 205 nach Lingenau fahren, dort auf die L 6 nach Langenegg abbiegen, kurz nach der Kirche auf der rechten Seite steht das Haus | **Öffnungszeiten** nur von außen zu besichtigen | **Tipp** Das rote Haus Kirchdorf 9, ehemaliger Gasthof Engel, ist ebenfalls sehr schön renoviert, und im Ortszentrum von Langenegg findet man viele weitere alte, modernisierte und neue Holzhäuser sowie das Hotel Krone mit seinem hervorragenden Restaurant, www.krone-langenegg.at.

72 Der Sender

Große Antenne – große Verantwortung

Mit Sicherheit ist jedem, der durch das Lauteracher Ried gefahren ist, die große Antenne aufgefallen. Der 116 Meter hohe Sendemast sticht im flachen Ried ins Auge, und trotz seiner schon fast idyllischen Lage hat er eine bewegte Geschichte hinter sich. Er steht ja auch schon seit 1933 da und ist wahrscheinlich der älteste noch funktionierende Sendemast Österreichs.

Es gab einmal eine Zeit, als das Radio das wichtigste Massenkommunikationsmittel war, zum Beispiel während des Zweiten Weltkrieges oder noch wichtiger an seinem Ende, als die Zustände chaotisch waren, das Papier für Zeitungen knapp und der Briefverkehr unterbunden wurde. Wer also die Herrschaft über das Radio hatte, hatte die Informationshoheit. Der Lauteracher Sender wurde bis in die letzten Stunden verteidigt, war einer der letzten funktionierenden Radiosender im Dritten Reich und hätte zuletzt noch gesprengt werden sollen, was die Widerstandskämpfer verhinderten. Die Übergabe an die französische Besatzung erfolgte reibungslos. Am Morgen des 2. Mai 1945 wurde noch das Programm der Reichsrundfunkgesellschaft ausgestrahlt, und nach einer kurzen Sendepause folgte das Ticken eines Weckers als Pausenzeichen der RAVAG, des Vorkriegssenders. Am Abend begann bereits das Programm des Radio Vorarlberg – der erste österreichische Nachkriegssender – mit der Melodie von »Wiener Blut«. Dank der starken Sendeleistung von fünf Kilowatt war der Sender in der gesamten französischen Besatzungszone, auch in Baden und Württemberg, hörbar.

Rund zehn Jahre lang waren die Franzosen für das Radioprogramm verantwortlich. Neben dem beliebten täglichen Französischkurs legten sie den Schwerpunkt ihres Programms auf Kultur mit der Betonung auf die künstlerische Vergangenheit Österreichs vor dem NS-Regime. Aber auch Zeitzeugen und KZ-Häftlinge kamen zu Wort, und die Frage der Verantwortung Österreichs wurde thematisiert.

Adresse inmitten des Lauteracher Riedes an der L 41, nahe der Kreuzung, wo die Straßen aus Lustenau, Höchst, Lauterach und Dornbirn zusammentreffen, 6923 Lauterach | **ÖPNV** Bus 52a fährt fast daran vorbei, allerdings ohne zu halten. Die nächste Haltestelle ist Dornbirn Gleggenweg, von dort rund 20 Minuten zu Fuß | **Anfahrt** Autobahn A 14 in Wolfurt verlassen oder von der L 190 beim Güterbahnhof Wolfurt abfahren und rund 2 Kilometer Richtung Lustenau fahren | **Tipp** Neben dem Sender befindet sich die Senderbrücke, eine der letzten gedeckten Holzbrücken, die mit dem Auto überquert werden können.

73 Die Gipslöcher

Durchsiebtes Wanderparadies

Das ursprünglich im 13. Jahrhundert von den Walsern besiedelte Dörfchen hat sich in den letzten Jahrzehnten zu einem wahren High-Society-Hotspot des Wintertourismus entwickelt. Die reichste Gemeinde Österreichs, die bis ins 19. Jahrhundert Tannberg hieß, zieht jedes Jahr rund eine Million Gäste an. Darunter seit über 50 Jahren das niederländische Königshaus, das wie alle Stammgäste von Lech auch bereits die eine oder andere Ehrennadel bekommen hat.

Aber Lech ist mehr als Schneekanone und Après-Ski. Vor allem im Sommer. Dann reisen immer mehr Gäste an, um das Naturparadies zu genießen. Die Region eignet sich hervorragend als Wandergebiet und ist aufgrund der vielen Lifte, von denen einige auch im Sommer betrieben werden, gut erschlossen. Neben einmaliger Flora und Fauna trifft man auf eine in Europa einzigartige Besonderheit, die Gipslöcher.

Sie sind Überbleibsel aus einer Zeit, als Lech am Meer lag, also vor etwa 220 Millionen Jahren. In Lagunen lagerte sich zuerst Kalkschlamm ab, und durch Verdunstung entstand darauf eine Sulfatschicht in Form von Gips. Durch Tektonik an den heutigen Ort gebracht, entstanden durch Quellung Geländekuppen, die durch Wasser abgetragen werden, sofern es durch das Gestein abfließen kann. Daraus entstanden seit der letzten Eiszeit die im Fachjargon Dolinen genannten Löcher, von denen es in Lech mehr als 1.000 gibt. Die Anzahl nimmt jedoch stetig ab, da sich die Landschaft sehr schnell verändert und die großen Löcher die kleinen schlucken.

Neben Wanderern erfreuen sich vor allem Tiere und Pflanzen an den Gipslöchern. Wild, Füchse, Birkhühner und vor allem Murmeltiere schützen sich in den Dolinen vor Wind und Feinden. Von den 20 in Lech vorkommenden Orchideenarten findet man aufgrund des speziellen Mikroklimas zehn davon an den Gipslöchern, wie etwa die Händelwurz, das Gefleckte Knabenkraut oder die Zweiblättrige Waldhyazinthe.

Adresse Oberlech, 6764 Lech | **ÖPNV** vom Bregenzerwald Bus 40a (nur Sommer), vom Bahnhof Langen a. A. Bus 91, vom Bahnhof St. Anton a. A. Bus 92 bis Lech Postamt, dann weiter mit der Seilbahn nach Oberlech und dem Sessellift nach Petersboden (beide Bahnen werden im Winter und Sommer betrieben), Wanderweg zu den Gipslöchern ausgeschildert, im Winter mit Skiern möglich | **Anfahrt** von der S 16 bei Langen a. A. abfahren und nach Lech fahren, in der Tiefgarage Anger parken, weiter wie oben | **Tipp** Wer die Zeit verpasst hat, als man in Lech noch Strandurlaub machen konnte, kann sich im Waldschwimmbad mit seinem außergewöhnlichen Panorama abkühlen. Straße Richtung Zug, 6764 Lech. Im Sommer bei guter Witterung von 9.30–19 Uhr geöffnet.

74 Die Negrellibrücke

Versteckte Ingenieurskunst

Lingenau ist die älteste Siedlung im vorderen Bregenzerwald. Alt ist auch der gschmackige Bergkäse, der im neu errichteten Lingenauer Käsekeller gelagert wird, wo man ihn sogar verkosten kann. Die moderne Architektur des Käsekellers passt sich zeitlos der Landschaft an und bildet wie viele weitere Neubauten im Bregenzerwald einen Brückenschlag zwischen Tradition und Moderne. Und mit Brücken kennen sich die Lingenauer schließlich aus. Ganze acht davon stehen auf dem Gemeindegebiet, darunter zwei ehemalige Eisenbahnbrücken, die heute als Radweg genutzt werden, eine Hängebrücke aus Draht sowie die berühmt-berüchtigte Hochbrücke, eine der größten Stahlbeton-Bogenbrücken Europas.

Das Schmuckstück der Lingenauer Flussquerungen ist aber die Negrellibrücke, die eigentlich Gschwendtobelbrücke heißt und somit gleich wie die neu errichtete Brücke in unmittelbarer Nähe, von der man sich per Bungeeseil über 100 Meter in die Tiefe stürzen kann. Bei der alten Gschwendtobelbrücke handelt es sich um eine gedeckte Holzbrücke, wie sie in Vorarlberg und der Schweiz häufig zu finden ist. Nach dem Niedergang des Römischen Reiches wurden nur noch selten Brücken aus Stein gebaut, stattdessen errichtete man hölzerne Jochbrücken. Da diese schnell verwitterten, wurden sie ab dem Spätmittelalter überdacht, was auch den Pferdefuhrwerken entgegenkam, da die Tiere das rauschende Wasser scheuten.

Die Negrellibrücke ist eine der ersten gedeckten Brücken, die ohne Joche auskam. Die Last wurde mit Hilfe von seitlichen Fachwerken an das Ufer übertragen, womit man eine höher gelegene Brücke bauen konnte, die nicht vom Eisgang beschädigt wurde. Geplant wurde die Brücke vom Ingenieur Alois Negrelli, der auch zum Bau des Suezkanals beigetragen hat.

Eine weitere Negrellibrücke befindet sich übrigens in Prag: Die 1.111 Meter lange Eisenbahnbrücke war zur Eröffnung der längste Viadukt Europas.

Adresse Gschwend, 6951 Lingenau | **ÖPNV** Bus 25, Haltestelle Lingenau Gschwend, von dort die Straße bergab gehen | **Anfahrt** von der L 205 kommend im Zentrum von Lingenau in Richtung Egg, Großdorf abbiegen, direkt vor der Brücke links auf die Straße abbiegen, die später zu einer Schotterstraße wird und von 8–20 Uhr von Badegästen befahren werden darf | **Tipp** Eine schöne Wanderrunde führt über die Brücke nach Großdorf. Dort beim Gasthof Adler (sehr gute Einkehrmöglichkeit) rechts in das Außerdorf abbiegen, wieder zur Subersach hinabsteigen und auf dem Drahtsteg überqueren. Dann ist man am außergewöhnlichen Quelltuff, von dem man über Lingenau wieder die Negrellibrücke erreicht.

75__Das alte Schulhüsle

Überraschend barockes Fachwerk

Kaum zu glauben, dass dieses Schmuckstück bis vor Kurzem als Schandfleck galt, den man abreißen wollte. Dass das alte Schulhüsle im heutigen Glanz erstrahlt, liegt an einer Bürgerinitiative, die 1990 das älteste Schulhaus aus theresianischer Zeit im letzten Moment rettete. Darunter versteht man die Regentschaft von Maria Theresia, die 1774 die allgemeine Schulpflicht einführte. Als Reaktion errichtete man im Jahr darauf das Lochauer Schulhüsle, in dem bis 1900 unterrichtet wurde. Anschließend diente es als Wohnraum unter anderem für Lehrer, als Schneiderwerkstatt, Gendarmerieposten und erste Raiffeisenbank Lochaus.

Während der Renovierung stieß man überraschend auf Fachwerk. Aus dieser Bauform lässt sich ableiten, dass Vorarlberg kulturell dem alemannischen Raum näher ist als dem österreichisch-bayerischen. Während das Elsass, die Schweiz und Schwaben reich an Fachwerkbauten sind, fehlen diese in Bayern fast gänzlich, ebenso wie in Österreich, wo laut einer Forschung nur rund 60 Stück zu finden sind, davon fast alle in Vorarlberg, wie etwa jene in der Bregenzer Kirchstraße oder das Siechenhaus in Feldkirch. Es ist aber auch möglich, dass sich hinter Putz noch weitere Fachwerkbauten verstecken. Diejenigen in den anderen Bundesländern entstanden übrigens fast alle im späten 19. Jahrhundert während des Heimatstil-Booms.

Da Fachwerkhäuser meist dem Mittelalter zugeordnet werden, erstaunt es vielleicht, dass das Schulhüsle ein barockes Gebäude ist. Während das Fachwerk auf der Rückseite aus nüchtern-funktionalen Riegeln und Streben besteht, zeigt es auf der Fassadenseite das ganze Repertoire an barocker Fachwerkzierde mit Kopf- und Fußbändern sowie Andreaskreuzen. Einzelne Querbänder sind s-förmig geschwungen.

Das alte Schulhüsle ist heute nicht nur renoviert, sondern auch lebendig, denn die Räumlichkeiten kann man für Veranstaltungen buchen.

Adresse Landstraße 25, 6911 Lochau | **ÖPNV** Bus 12, 12a, 14a, Haltestelle Lochau Schule oder Bus 10, 12, 12a, 14a, 19, Haltestelle Lochau Gemeindeamt oder gute 10 Minuten zu Fuß vom Bahnhof Lochau | **Anfahrt** Autobahn A 14 bei Lochau-Hörbranz verlassen und ins Zentrum von Lochau fahren, kurz nach dem Zentrum befindet sich das Schulhüsle auf der linken Seite, dahinter Parkplätze | **Tipp** Bis das Schulhüsle erbaut wurde, mussten Kinder in Gaststätten unterrichtet werden, zum Beispiel im Gasthof Mangold, heute exquisites Restaurant mit Spitzengastronomie. Pfänderstraße 3, 6911 Lochau, www.restaurant-mangold.at, Mi–So 11.30–14 Uhr und 18–22 Uhr

76 Die Ölmühle Sailer

Flüssiges Gold

In Vorarlberg genießen selbst gemachte Produkte einen hohen Stellenwert. Selbstgemachtes schmeckt doch am besten. Dass man aus einem Hobby einen Beruf machen kann, beweist Barbara Sailer. Die quirlige Lochauerin legte immer schon viel Wert auf den bewussten Umgang mit Lebensmitteln. Nachdem sie 2009 ein Buch über Öle gelesen hatte, war sie erstaunt darüber, was Öl alles bewirken kann, wenn es die richtige Qualität hat. Und wie kann man sichergehen, dass die Qualität stimmt? Richtig: selber machen.

Einmal in der Woche verwandelte sich der Keller ihres Wohnhauses in eine Ölmanufaktur. Sie presste Leinöl zuerst für den Eigengebrauch, später für Freunde, Verwandte, Nachbarn … und irgendwann wurde das Hobby zum Beruf und der Keller zu klein. Deshalb zog sie 2013 in das heutige Geschäftslokal in Lochau, wo inzwischen 19 verschiedene Öle, alle in Bio- und Rohkostqualität, produziert werden. In dem sympathischen Laden kann man nicht nur die Öle probieren und kaufen, sondern man hat auch die Möglichkeit, durch ein Glasfenster einen Blick in die Produktionsstätte zu werfen. Hier hat man nichts zu verstecken, und jeder Arbeitsschritt ist Handarbeit.

Vor Kurzem wurde sogar die erste Filiale in Wangen eröffnet. Das war es aber vorerst mit der Expansion. Dem fünfköpfigen Team ist es wichtig, dass die Ölmühle kein Massenbetrieb wird, sondern ein Handwerksbetrieb bleibt, weshalb auch schon große Handelsketten eine Absage kassiert haben. Es wird lieber in Qualität statt in Quantität investiert, so wurden verschiedene Öle mit dem Öl-Award und dem Öl-Kaiser ausgezeichnet.

Ein weiteres Credo ist es, möglichst keinen Abfall zu produzieren. Die Schwebstoffe werden als Muse verwendet, aus Nüssen wird Mehl oder Frühstücksbrei hergestellt, und wenn dann noch etwas übrig bleibt, freuen sich die Lochauer Bauern und Pferdebesitzer über wertvolles Tierfutter.

Adresse Alberlochstraße 3, 6911 Lochau, www.oelmuehle-sailer.at | **ÖPNV** vom Bahnhof Lochau etwa 10–15 Minuten zu Fuß oder Bus 10, 14a, Haltestelle Lochau Siedlung, Bus 19, Haltestelle Lochau Gemeindeamt | **Anfahrt** in Lochau in der Nähe des Ortszentrums in die Alberlochstraße abbiegen | **Tipp** Wenige Schritte entfernt gibt es im Brauereigasthof Reiner beste regionale Spezialitäten und hauseigenes, bernsteinfarbenes Bier. Hofriedstraße 1, www.reiner-lochau.at, Mi–Mo 11–14 Uhr und ab 17 Uhr

77__Der Blaue Platz

Moskau hat einen roten, Lustenau einen blauen

Lustenau ist anders. Und das in vielerlei Hinsicht. Über Jahrhunderte war Lustenau ein unabhängiger Reichshof innerhalb des Heiligen Römischen Reiches, und es hat sogar einen völlig eigenen Dialekt. Auch die Namen sind besonders: Die meisten Familien teilen sich etwa zehn Nachnamen. Zur besseren Unterscheidung bekamen sogar die Häuser Namen. Heute leben fast 23.000 Menschen – nicht nur mit den Namen Hämmerle, Bösch und Grabher – in Lustenau, das nie das Stadtrecht bekam. Lustenau ist auch nicht wirklich städtisch, was daran liegen mag, dass der Ort aus mehreren Weilern zusammengewachsen ist. Erst im 17. Jahrhundert bekam die Gegend um den heutigen Kirchplatz dank der neuen Pfarrkirche so etwas wie einen Zentrumscharakter.

Bis zum Ende des 20. Jahrhunderts war der Kirchplatz ein harmonisches Ensemble mit Gaststätten, Bürgerhäusern und der Kirche. Danach veränderte sich der Charakter des Platzes, einige Häuser brannten ab, andere mussten modernen Neubauten weichen, die Kirche verlor ihr spätbarockes Portal … Im Versuch, dem Ortszentrum und somit der gesamten Gemeinde eine Identität zu geben, begann man in den 1990ern mit einer groß angelegten Umgestaltung. Mitten auf den Platz kam ein Einkaufszentrum, und der Platz wurde blau eingefärbt. In einer Volksabstimmung entschied sich das Volk zwar gegen diese Farbe, aber der regierende Bürgermeister hatte mit dem Bau schon begonnen, und seitdem leuchtet der Platz in der Parteifarbe der FPÖ.

Glücklicherweise konnte die Herstellerfirma ihr Versprechen, der Untergrund sei für ewig haltbar, nicht einlösen, und nachdem sich der Gestank des blauen Kunststoffgranulats im Asphalt verflüchtigte, blasste auch die Farbe immer mehr aus, und der Untergrund bekam Risse. Notdürftig sorgen ein paar Pflanzen und Sitzmöglichkeiten für Atmosphäre, jedoch wird der Platz in den nächsten Jahren großzügig umgestaltet. Wieder einmal.

Adresse Kirchplatz, 6890 Lustenau | **ÖPNV** Bus 50, 52, 53, 54, Haltestelle Lustenau Kirchplatz | **Anfahrt** über die A 14, Ausfahrt Dornbirn Süd, dann auf der L 204 nach Lustenau, dann immer Richtung Zentrum | **Tipp** Auf der anderen Seite des Rheins findet man zur Entspannung eine kleine Wellnessoase, das Mineralheilbad St. Margrethen. Walzenhauserstrasse 2, 9430 St. Margrethen, Schweiz, www.mineralheilbad.ch, vom Bahnhof St. Margrethen (gehört noch zum Vorarlberger Tarifbereich des ÖPNV) in wenigen Minuten erreichbar

78 Das Rheinbähnle

Die fleißigsten Mitarbeiter der Rheinregulierung

Rot ist die Farbe des Leides, aber auch der Leidenschaft und der Liebe. All das beschreibt das Verhältnis der Bewohner aller drei Länder zu ihrem Alpenrhein sehr gut. Aus diesem Grund wählte man ein markantes Rot als Raumfarbe der neuen Ausstellungshalle im Museum Rhein-Schauen, die die Geschichte der Rheinregulierung zwischen der Schweiz und Österreich erlebbar macht. Das Leben im Rheintal war geprägt durch häufige Hochwasser, die die Entwicklung der Region bremsten. Im Schnitt trat der Rhein alle drei Jahre über die Ufer und verwüstete ganze Landstriche, ganz besonders 1868, als das Rheintal von Sevelen bis zum Bodensee unter Wasser stand.

Zwar baute die Schweiz daraufhin Dämme und Kanäle, aber um der Überschwemmungen Herr zu werden, musste eine »großspurige« Lösung her. Nach langwierigen Verhandlungen wurde 1892 der erste von drei Staatsverträgen zur Rheinregulierung zwischen Österreich und der Schweiz geschlossen. Die Begradigung des Rheins begann mit dem Diepoldsauer und dem Fußacher Durchstich. Beide Maßnahmen verkürzten den Rhein um zehn Kilometer und erhöhten die Abflussgeschwindigkeit. So konnten Kiesablagerungen verringert werden. Gleichzeitig befürchtete man eine Verlandung der Bregenzer Bucht, weshalb der Rhein künstlich in den See verlängert wurde. Um das hierfür benötigte Gestein von den Steinbrüchen an den Bodensee zu transportieren, baute man eine Schmalspurbahn mit 750 Millimeter Spurweite. Bis 2006 die Ausbauarbeiten abgeschlossen wurden, beförderte das inzwischen elektrifizierte Rheinbähnle zwei Millionen Tonnen Gestein links- und rechtsrheinisch zur künstlichen Rheinmündung.

2008 übernahm der Verein Rhein-Schauen den Betrieb der gesamten Bahn und lässt sie seitdem als Museumsbahn weiterleben. Auf dem Werkshofgelände, der ehemaligen Remise, errichtete der Verein ein sehr anschauliches Museum über die Vergangenheit, Gegenwart und Zukunft der Rheinregulierung.

Adresse Rhein-Schauen-Museum und Rheinbähnle, Höchster Straße 4, 6890 Lustenau | **ÖPNV** 10 Gehminuten vom Bahnhof Lustenau oder 5 Minuten von Bus 51a, Haltestelle Lustenau Grüttstraße, Bus 50, Haltestelle Lustenau Gasthaus Schäfle oder Bus 52, 53, Haltestelle Rotkreuzstraße | **Anfahrt** auf der L 203 von Norden kommend beim großen Kreisverkehr am Ortseingang Richtung Zentrum fahren, die erste Möglichkeit rechts abbiegen und der Straße nach links folgen | **Öffnungszeiten** während der Sommersaison von Do–So 13–17.30 Uhr, genaue Öffnungszeiten des Museums und Betriebszeiten des Rheinbähnle auf www.rheinschauen.at | **Tipp** Wer dem alten Rhein nach Höchst folgt, findet direkt am Grenzübergang die Konditorei Schallert, deren köstliche Kuchen bis über die Grenze hinaus bekannt sind. Hauptstraße 1, 6973 Höchst, Mo, Di, Do, Fr 9–22 Uhr, Sa, So 9–19 Uhr

79__Die Straßenbahnremise

Relikt der ersten und letzten Straßenbahn im Land

Das Vorarlberger Rheintal ist siedlungstechnisch gesehen ein Phänomen. In einem durchgehenden Siedlungsband, einem Mosaik aus Dörfchen und Kleinstädten, wohnen mehr als eine Viertelmillion Menschen. Das Fehlen eines großen Zentrums macht das Rheintal spannend für die Verkehrsplanung. Die S-Bahn als Schienenverkehrsaorta wird durch ein sehr gutes Busnetz ergänzt, das aber immer öfter an seine Grenzen stößt. Aus diesem Grund überlegt man sich, neben einer urbanen Seilbahn von Dornbirn in den Bregenzerwald ein Straßenbahnnetz zu errichten, ganz nach dem Prinzip der Renaissance der Straßenbahnen in Europa. Als erste Strecke soll eine Ringbahn von Dornbirn nach Lustenau gebaut werden.

Spätestens jetzt bimmelt bei einigen das Glöckchen (einer Straßenbahn). Gab es das nicht schon einmal? Richtig, Vorarlberg hatte von 1902 bis 1938 eine Straßenbahn mit dem unoriginellen Namen »Elektrische Bahn Dornbirn-Lustenau«. Wie auch das Wälderbähnle wurde über die EBDL gespottet, und sie bekam den Spitznamen »Elende Beförderung Dummer Leute«. Objekt des Gespötts war vor allem das Tempo der gut elf Kilometer langen meterspurigen Bahn. Für zwölf bis 30 Stundenkilometer soll sie ausgelegt gewesen sein. Na ja, immerhin schneller als zu Fuß, könnte man meinen. Aber der erste Fußballverein Vorarlbergs, der FC Lustenau 07, veranstaltete sogar ein Wettrennen mit 35 Staffelläufern gegen die Bahn und gewann mit deutlichem Vorsprung.

Noch etwas gewann das Wettrennen gegen die Bahn: der als fortschrittlich geltende Omnibus. Er ersetzte die Straßenbahn, die sogar mehrere hundert Tonnen Güter pro Jahr beförderte, aber immer weniger Menschen, die lieber mit dem Fahrrad von Dornbirn nach Lustenau fuhren. Heute erinnert nichts mehr an die Bahn. Nur die alte Remise am Rheindamm steht noch. Hier war die Strecke und vorläufig die Geschichte der Straßenbahnen in Vorarlberg zu Ende.

Adresse Dammstr. 5, 6890 Lustenau | **ÖPNV** Bus 50, 51a, Haltestelle Lustenau Gasthaus Linde, anschließend der Rheinstraße bis zum Rheindamm und der Linkskurve folgen, Remise auf der rechten Seite (das Gebäude mit dem Handymast) | **Anfahrt** auf der L 203, beim Sinohaus in die Rheinstraße abbiegen, weiter wie oben | **Tipp** Hier stand früher die Unterfahrbrücke, eine von zwei gedeckten Holzbrücken über den Rhein. Beide gibt es nicht mehr. Wer aber eine schöne Rheinbrücke sucht, wird im Süden Lustenaus mit der Wiesenrhein- bzw. Widnauer Brücke am Ende der Philipp-Krapf-Straße fündig.

80 Die Kanisfluh

Das sagenumwobene Wahrzeichen des Bregenzerwaldes

Im Herzen des Bregenzerwaldes steht unübersehbar ein mehr als 2.000 Meter hohes, markantes Bergmassiv. Während die Nordseite eine steil abfallende, schroffe Felsflanke darstellt, gleicht die Südseite einer sanften, grasbewachsenen Föhnwelle. Als ob ein riesiges Kind einen Sandhügel am Strand aufgeschüttet hat und die Meeresbrandung eine Seite mit sich riss.

Dass eine derartige Berggestalt einen perfekten Nährboden für Sagen bietet, liegt im Bregenzerwald auf der Hand. So erzählt man sich, dass die Kanisfluh von einem Riesen mit dem Namen Wirm erbaut wurde. Allerdings war er mit seiner Kreation zutiefst unzufrieden und stürzte sich in die Tiefe. Die anderen Riesen begruben ihn und stellten einen 30 Meter hohen Grabstein auf. Diese Wirmsul genannte Grabsteinstele steht heute noch etwa mittig am Nordhang.

Die bekannteste Erzählung über die Kanisfluh handelt von einem neidzerfressenen Bauern. Er konnte nicht mit ansehen, dass die Kühe seines Nachbarn so schön waren. Aus Neid wurde Missgunst, und der Bauer legte frische, glitschige Tannenrinden auf den Weg, den die Kühe täglich zur Tränke nahmen. Eines Tages rutschte tatsächlich eine Kuh aus und stürzte den Steilhang hinab. Der neidige Bauer wollte nachsehen, ob die Kuh auch wirklich tot war, und rutschte selber auf der Rinde aus und den Hang hinab in den Tod.

Doch als ob der Tod nicht Strafe genug für das Neidhaferl sei, wurde er vom Gericht Gottes dazu verdammt, die Kuh jede Nacht eigenhändig wieder auf die Kanisfluh zu tragen, um sie anschließend wieder hinunterzuwerfen. Das Ächzen während des Hinauftragens und das laute Auflachen nach getaner Arbeit hört man manchmal bis nach Schnepfau. Aber im Gegensatz zu Sisyphos gibt es für den Bauern eine Erlösung. Jedes Mal, wenn er die Kuh auf den Berg gewuchtet hat, darf er ihr ein Härchen ausreißen. Sobald alle ausgerissen sind, ist der Bauer erlöst.

Adresse zwischen Mellau und Au im Bregenzerwald | **ÖPNV** Bus 37, 40, Haltestelle Mellau Zentrum, von dort 10 Minuten zu Fuß zur Seilbahnstation und mit der Mellaubahn bis zur Rossstelle hochfahren, ab dort auf den 2.044 Meter hohen Gipfel wandern | **Anfahrt** auf der L 200 durch den Bregenzerwald bis Mellau und im Ort der Beschilderung der Bergbahn folgen, dort parken und weiter wie oben | **Tipp** Vom Berghaus Kanisfluh hat man einen schönen Blick auf die Kanisfluh, während man lokale Schmankerl probiert. Schnepfegg 54, 6882 Schnepfau, www.kanisfluh.net, je nach Saison Mi–So oder Di–So

81 Der Schindeler

Ich und mein Holz

Es ist immer schade, wenn eine Tradition oder ein altes Handwerk vom Aussterben bedroht ist. Aber man kann auch nicht erwarten, dass wir nur der Tradition wegen auf Mauleseln zum Hufschmied reiten, um unsere Zähne ziehen zu lassen. Man geht eben mit der Zeit oder fährt mit dem Auto. Umso schöner ist es, wenn eine traditionelle Handwerkskunst wiederentdeckt und in die heutige Zeit integriert wird.

So geschehen bei den Bregenzerwälder Holzschindeln. Ganz ausgestorben war das Handwerk des Schindelers nie, aber in den letzten Jahren wurde diese Form der Fassadenverkleidung in der modernen Architektur immer beliebter. Die zeitgenössische Architektur im Bregenzerwald wird, wie bereits in diesem Buch erwähnt, international sehr geschätzt. Eine wichtige Rolle spielt hier die gut funktionierende Verbindung moderner und zeitlos-funktionaler Architektur mit traditionellen Baumaterialien, allen voran Holz. Ein wichtiges Element spielen dabei die traditionellen Holzschindeln.

Ursprünglich verwendete man heimische Fichten und Tannen, die im Winter in der saftarmen Zeit geschlägert werden müssen. Diesen Zeitpunkt kannte man schon vor 3.500 Jahren in Indien. Heute verwendet man immer mehr Lärche oder die sehr robuste Alaska-Zeder. Doch egal welches Holz man nimmt: Nachdem der Stamm auf die vorgesehene Schindellänge abgesägt wurde, werden die einzelnen Schindeln herausgespalten, nie gesägt. Die unbehandelten Schindeln werden dann an die Hauswand genagelt und halten etwa 80 Jahre. Anschließend sind sie Brennholz.

Als nachhaltiges, traditionelles und vielseitiges Baumaterial stieg die Nachfrage in den letzten Jahren stark an, was die Schindeler freut. Einer von ihnen ist der Mellauer Albert Hager, und wenn er nicht gerade auf seiner Alp Schindeln spaltet, findet man ihn in seiner nach frischem Holz duftenden Werkstatt, wo er mit Leidenschaft über sein Handwerk erzählt.

Adresse Übermellen 342, 6881 Mellau, www.schindeler.at | **ÖPNV** Bus 34, 37 (Schnellbus ab Bahnhof Bregenz), 40, Haltestelle Mellau Zentrum, von dort ein Stückchen bis zur Hauptstraße zurückspazieren und gleich davor rechts | **Anfahrt** auf der L 200 von Bezau kommend beim »Ferienhaus Schindeler« rechts von der Hauptstraße abbiegen und sofort links | **Öffnungszeiten** immer wenn das Licht brennt oder vorher anrufen: Tel. 0664/4418365 | **Tipp** Direkt neben dem Schindeler kann man sich in der Werkstatt für Kunst und Genuss mit hausgemachten Likören und Geschenken eindecken. Übermellen 12, 6881 Mellau, www.mellauer-werkstatt.at, Mo – Fr 15 – 18 Uhr, Sa 9 – 12 Uhr

82 Der Ausrufstein

Hört, hört!

Das Kleinwalsertal ist in vielfacher Hinsicht etwas Besonderes. Es gehört politisch zu Vorarlberg, ist aber auf der Straße nur von Deutschland aus erreichbar, weshalb es bis zum EU-Beitritt Österreichs zum deutschen Zoll- und Wirtschaftsgebiet gehörte. Vor dem Euro mussten die Steuern in D-Mark an das österreichische Finanzamt bezahlt werden. Die Postämter besitzen zwei Postleitzahlen, je eine für Deutschland und Österreich, und bis 2003 hatte das Kleinwalsertal neben der österreichischen auch eine deutsche Festnetzvorwahl.

Dieses Tal bot darüber hinaus weitere besondere Formen der Kommunikation. Die Walser, die aus dem schweizerischen Wallis in das Kleinwalsertal kamen, nahmen ihre Alphörner mit. Da man das ventil- und klappenlose Holzhorn mehrere Kilometer weit hörte, diente es als wichtiges Kommunikationsmittel der Bauern mit den benachbarten Sennern und den Leuten im Tal. Neben diesem »Alpen-Twitter« gab es in Mittelberg auch eine Art Rundfunk. Verordnungen des Gerichtes und der Gemeinde Mittelberg mussten der breiten Bevölkerung zugänglich gemacht werden, und da der Großteil der Bevölkerung, meist Bauern, selbst nicht lesen konnte, wurden die Schriften vorgetragen. Dafür stieg der Amtsdiener auf den Uusrüafschtei, den Ausrufstein, der neben die Kirche gesetzt wurde. Ein strategisch günstiger Ort, da fast alle die sonntägliche Messe besuchten und es sich anschließend schwierig gestaltete, die langatmigen Vorträge mit den Bekanntmachungen der Gemeinde zu schwänzen.

Der Uusrüafschtei ist laut einer alten Chronik »Anno 1595, dem 20. Jänner […] zu dem Mesnerhaus getan worden«, und bis 1919 wurden die Verlautbarungen in dieser Form vorgetragen. Danach konnten die wichtigen Neuigkeiten im Amtsblatt nachgelesen werden. Der 1,8 Tonnen schwere Ausrufstein steht immer noch und wird wahrscheinlich viele weitere Generationen der Kommunikation überleben.

Adresse Kirchplatz, 6993 Mittelberg (Kleinwalsertal) | ÖPNV vom Bahnhof Oberstdorf mit dem Walserbus Linie 1 bis zur Haltestelle Mittelberg | Anfahrt Das Kleinwalsertal ist nur über Deutschland zu erreichen. Von Oberstdorf auf B 19, weiter auf L 201 bis Mittelberg Ortszentrum | Tipp Wer einmal selber versuchen möchte, das Alphorn zu blasen, hat während des alle paar Jahre stattfindenden Alphornfestivals die Möglichkeit dazu. www.kleinwalsertal.com

83__Der Hoflaada

Köstlichkeiten einer Walser Bäuerin

In der Vermarktung von Produkten wird der Begriff »Tradition« gerne verwendet, um dem Kunden bestimmte Bilder und Assoziationen in den Kopf zu projizieren. Im Hoflaada in Mittelberg werden diese Bilder zur Realität. Hier ist Tradition kein Marketingbegriff, sondern das Gelebte.

Die halbe Woche steht die fröhliche Bäuerin Dagmar Hilbrand in ihrem Laden. Sie spricht einen Dialekt, den man hier nicht unbedingt erwarten würde. Das Gebirgsrelief des Kleinwalsertals hätte eher den Allgäuer Dialekt vermuten lassen, aber nicht Bregenzerwälderisch mit starkem walliserdeutschen Einschlag. Dagmar ist nämlich eine echte Walserin und kann ihre Familiengeschichte bis ins 15. Jahrhundert zurückverfolgen, als ihre Vorfahren aus Brig im Schweizer Kanton Wallis nach Mittelberg zogen. Vom Rhônetal kamen so viele Walser hierher, dass man das ganze Tal nach ihnen benannte.

Bis auf eine Generation Pause waren die Hilbrands immer Bauern. Lange Zeit belieferten sie mit knapp 30 Kühen und halb so vielen Ziegen die Gastronomen des Tals mit Milch, seit über 20 Jahren in Bioqualität. Um die Milch selbst käsen zu können, besuchte Dagmar einen Kurs in ihrer ursprünglichen Walliser Heimat. Neben weiteren Käsen zählen die Zwergle zum Verkaufsschlager der Bäuerin, die einen 200 Jahre alten Stall zum Hoflaada umgebaut hat. Hier kann man Rohmilch, Joghurt und Käse vom Hof kaufen. Zum Kühlschrank hat man sogar rund um die Uhr Zugang, falls einen in der Nacht der Hunger nach Joghurt packt. Aber nicht nur Milchprodukte, sondern auch weitere Produkte von Kleinwalsertaler Produzenten bekommt man im Hoflaada, zum Beispiel frische Wurstwaren aus dem Fleisch vom eigenen Hof, die vom Cousin gemetzgert werden, wie etwa die köstliche Schoko-Chili-Wurst. Auch Honig, Brot, Sirup und Liköre findet man hier, denn die Bauern und Produzenten des Tals arbeiten in freundschaftlicher Tradition zusammen.

Adresse Stützeweg 1, 6993 Mittelberg, www.hoflaada.at | **ÖPNV** vom Bahnhof Oberstdorf mit dem Walserbus Linie 1 bis zur Haltestelle Mittelberg, von dort etwa 500 Meter der Straße weiter folgen | **Anfahrt** Das Kleinwalsertal ist nur über Deutschland zu erreichen. Von Oberstdorf auf B 19, weiter auf L 201 bis Mittelberg Ortszentrum. 300 Meter nach der Walmendingerhornbahn befindet sich der Hoflaada links hinter dem Parkplatz. | **Öffnungszeiten** Mi – Sa 14 – 17 Uhr | **Tipp** Mit der Walmendingerhornbahn ist man in wenigen Minuten auf fast 2.000 Metern Höhe. Von der Bergstation zum Gipfel führt ein Lehrpfad an über 130 Alpenblumen vorbei.

84__Das Sühnekreuz

Damit der Ermordete in Frieden ruhen kann

Wir befinden uns im Spätmittelalter, etwa zwischen dem 13. und 16. Jahrhundert. Dieses Zeitalter begann wenig erfolgversprechend. Auf die Kleine Eiszeit folgte die Große Hungersnot, die Pest brach aus, und auch der Hundertjährige Krieg forderte viele Todesopfer. Und der eine oder andere Mensch wurde ermordet.

Kannte man den Täter, wurde dieser nicht selten von den Angehörigen des Toten zurückermordet. Diese sogenannte Blutrache oder Vendetta wurde jedoch nur angewandt, wenn sich die beiden Fehdeparteien nicht einigen konnten. Doch wie konnte so eine Einigung aussehen? Damals ging man nur in den seltensten Fällen vor Gericht, das Gewaltmonopol oblag erst seit dem Ewigen Landfrieden von 1495 dem Staat.

Also versuchte man, den Casus untereinander zu klären. Da das Opfer meist ohne Vorwarnung starb, hatte es keine Möglichkeit, die Sterbesakramente zu empfangen. Deshalb musste der Mörder, meist am Ort des Verbrechens, ein Steinkreuz aufstellen, damit Passanten für das Opfer beten konnten. Manchmal findet man auch noch eine Jahreszahl oder das Mordwerkzeug abgebildet. Inschriften fehlen aber, denn wer hätte sie damals lesen können? Zusätzlich konnte man sich darauf einigen, dass dem Toten eine Messe gespendet wird, inklusive zwei Eimern Wein für die Angehörigen, wie in einem Sühnevertrag von 1463 zu lesen ist.

In ganz Europa findet man heute etwa 7.000 Sühnekreuze, und von den ursprünglich vieren im Kleinwalsertal stehen noch drei. Jenes am Kirchabüahl wurde von einem Mann errichtet, der nach einem Trinkgelage drei seiner Brüder umgebracht hatte. Für jeden der Brüder musste er ein Kreuz aus einer Steinplatte meißeln. Eines steht in Bödmen, wo das Trinkgelage stattfand, eines steht etwa 300 Meter weiter in Richtung Baad, das dritte wurde hier an der Kirche aufgestellt. Links und rechts davon stehen die beiden »Züüga« – versteinerte Zeugen des Verbrechens.

Adresse neben der Kirche in Mittelberg, Walserstraße, 6993 Mittelberg (Kleinwalsertal) | **ÖPNV** vom Bahnhof Oberstdorf mit dem Walserbus Linie 1 bis zur Haltestelle Mittelberg | **Anfahrt** Das Kleinwalsertal ist nur über Deutschland zu erreichen. Von Oberstdorf auf B 19, weiter auf L 201 bis Mittelberg Ortszentrum | **Tipp** Wer von der Sühne eine Auszeit braucht, findet sie im Café/Weinbar Uusziit schräg gegenüber. Walserstraße 375, Mo–Sa 12–20 Uhr

85__Der Gottesacker

Die Rache Gottes

Schon von der Talsohle, besser aber vom Hohen Ifen aus, sieht man eine riesige Steinwüste. Der Gottesacker war aber nicht immer eine unwirtliche Gegend, sondern ehemals eine blühende Alpe. Als einst ein armes Männlein um Käse oder ein Stückchen Brot bat, wurde er von den dortigen Bauern und Sennern mit Kuhfladen beworfen, Hunde wurden auf ihn gehetzt, und er war Hohn und Spott ausgesetzt. Vor den geizigen Bauern fliehend traf er auf einen Hütebuben, der ihm mitleidig etwas zu essen gab. Der Bettler bedankte sich und riet dem Jungen zu verschwinden, so schnell er konnte. Kurz darauf verdunkelte sich der Himmel, Blitze zerstörten die Bauernhäuser, der Erdboden öffnete sich und verschluckte die Bäume, heftiger Regen spülte den Boden hinweg. Als Bettler verkleidet war es der Herrgott selbst, der sich an den unbarmherzigen Bauern rächte.

Wissenschaftlich gesehen entstand das 25 Quadratkilometer große Plateau schon ein wenig früher. Vor etwa 125 Millionen Jahren lagerten sich abgestorbene Korallenriffe und andere Meerestiere am Grunde des Tethysmeeres ab und schoben sich über Jahrmillionen übereinander. Das hier sichtbare Gestein gehört zum Helvetikum, und nachdem die Flysch-Schicht durch Verwitterung abgetragen wurde, blieb der stark verkarstete Schrattenkalk übrig.

Dadurch, dass man es nur zu Fuß erreichen kann, blieb das Gottesackerplateau bis heute ein Paradies für naturliebende Wanderer. Man findet hier sehr seltene Alpenpflanzen und Tiere sowie vereinzelt Fossilien. Vor 20 Jahren wurde sogar ein 8.000 Jahre alter Jägerrastplatz entdeckt.

Doch im Gegensatz zur Steinzeit sind die Pfade heute gut markiert, und es empfiehlt sich, auf diesen zu bleiben und nur bei gutem Wetter zu wandern, um nicht in einen tiefen Felsspalt zu fallen. Es sei denn, man möchte die darunterliegenden verzweigten Höhlensysteme oder das Tor zur Hölle erforschen.

Adresse Ausgangspunkt der Wanderung: Talstation der Ifen Bergbahn, Auenalpe 4, 6992 Mittelberg-Hirschegg | **ÖPNV** vom Bahnhof Oberstdorf mit dem Walserbus Linie 1 bis Riezlern Post, weiter mit der Linie 5 bis Ifen. Mit der Ifen Bergbahn lässt sich die Wanderung um etwa 1 Stunde verkürzen. | **Anfahrt** Das Kleinwalsertal ist nur über Deutschland zu erreichen. Von Oberstdorf auf B 19, weiter auf L 201 bis zur großen Brücke, dort Richtung Ifenbahn. Kostenpflichtige Parkplätze am Ausgangspunkt vorhanden | **Tipp** Der Herzsee unweit des Ausgangspunktes ist ein gutes Beispiel für einen naturnah angelegten Speichersee für Beschneiungsanlagen und im Sommer ein hübscher Blickfang.

86 Die Schwefelquelle

Stinkendes Heilwasser

Eigentlich wird die Breitach ihrem Namen erst nach der Überschreitung der Grenze gerecht. Vorher durchfließt die Aorta des Kleinwalsertals die österreichische Seite als wunderschöner Gebirgsbach. An der Grenze fällt die Breitach durch die tiefste Felsenschlucht Mitteleuropas. Doch wo heute jährlich über 300.000 Touristen in die 150 Meter tiefe Schlucht blicken, war bis zur letzten Eiszeit vor 10.000 Jahren noch ein See, der damals wahrscheinlich eher wenige Touristen anlockte.

Dafür lockt heute die plätschernde Breitach Einheimische und Gäste zum Spazierengehen. Sowohl der historisch interessante Hirschegger Themenweg als auch der für die ganze Familie geschaffene Burmiweg mit seinen spannenden Abenteuerstationen führt durch das Breitachtal und überquert die Ach mehrfach.

Kommt man an einen Grillplatz, kann es sein, dass es fürchterlich stinkt. Hat da jemand seinen Eiersalat in der prallen Sonne liegen lassen? Oder ist gar jemand gestorben und verwest? Hat man sich verlaufen und ist in der Hölle angekommen? Nein, es ist nur die Schwefelquelle, aus der die Walser seit Hunderten von Jahren das Wasser schöpfen. Dass das Wasser gegen Rheuma und Kreislaufbeschwerden hilft, wussten sie damals schon und benannten die Quelle geruchentsprechend »In der Höll«. Um 1860 versiegte die Quelle schließlich, wurde ein Jahrhundert später neu gefasst, und vor wenigen Jahren bekam sie einen neuen Brunnen. Auch wenn ein bakteriologisches Gutachten bestätigt, dass die Quelle einwandfrei ist, sollte man dennoch nicht daraus trinken. Füße eintunken genügt in der Regel, um die Wirkung zu entfalten.

Das ist nicht nur wohltuend, sondern hat auch Tradition, wenn auch eine langsam versiegende. Obgleich das älteste Vorarlberger Heilbad, das Hohenemser Schwefelbad, einem Supermarkt weichen musste, wurde mit dem Lutzschwefelbad in Buchboden ein neues Kapitel des Schwefelbadens eingeleitet.

Adresse An der Breitach in der Gemeinde Hirschegg, 6992 Mittelberg-Hirschegg | ÖPNV vom Bahnhof Oberstdorf mit dem Walserbus Linie 1 bis zur Haltestelle Hirschegg Walserhaus | Anfahrt Das Kleinwalsertal ist nur über Deutschland zu erreichen. Von Oberstdorf auf B 19, weiter auf L 201 bis Hirschegg. Parken im Ortszentrum beim Walserhaus oder vor der großen Brücke beim Freibad | Tipp Folgt man den Spazierwegen nach Süden, überquert man die Leidtobelbrücke. Sie ist die älteste der drei noch verbliebenen gedeckten Holzbrücken im Kleinwalsertal, und durch die massive Bauweise überstand sie alle großen Hochwasser der letzten knapp 200 Jahre.

87_Der Nenzinger Himmel

Bullerbü in den Hochalpen

Wer dem Alltag entfliehen und den Stress hinter sich lassen will, sucht sich gerne ein Stück vom Paradies. Egal ob Mauritius oder Fidschi, Hauptsache weit weg. An Nenzing denken vielleicht die wenigsten. Aber in der Tat, der Himmel ist so nah.

Am oberen Ende der wildromantischen Gamperdonaschlucht, die selbst schon eine Reise wert ist, liegt das Feriendorf mit dem Namen Nenzinger Himmel. Ursprünglich war es ein sehr beliebtes, weil wildreiches Jagdgebiet. Über Jäger, Wilderer, Schmuggler und große Bärenjagden werden noch viele Sagen und Geschichten erzählt. Gegen Ende des 19. Jahrhunderts entwickelte sich langsam der Alpentourismus, der auch im Gamperdonatal Einzug hielt. Der Fußweg war beschwerlich und gefährlich. Damit Pferde das Gepäck der Gäste und später auch die Gäste selbst transportieren konnten, wurden eigene Gamperdonawägele entwickelt, die besonders schmal und kurz waren.

Auch heute ist es nicht ohne Weiteres möglich, in den (Nenzinger) Himmel zu gelangen, der nur im Sommer zugänglich ist. Die Zufahrt ist nur mit einem Linientaxi möglich, was aber dazu geführt hat, dass der Ort völlig vom Massentourismus verschont geblieben ist. Mit dem Ergebnis, dass sich unter den Urlaubern der 200 kleinen Ferienhäuschen eine heimelige Gemeinschaft gebildet hat, die sich gerne im Dorflädile trifft, wo man sich neben sämtlichen Dingen des Alltags auch mit dem neuesten Tratsch eindecken kann.

Vor allem Familien fühlen sich wohl, denn für Kinder ist der Nenzinger Himmel ein riesiger Abenteuerspielplatz. Sie brauchen keine Angst vor Autos zu haben und helfen auf der Alp beim Melken.

Es gibt unzählige unberührte Schätze der Natur zu entdecken, wie etwa den Hirschsee, den Stüba-Wasserfall oder den Naafkopf am Dreiländereck mit Liechtenstein und der Schweiz. Allesamt sind durch hervorragende Wanderwege erschlossen, die man sich neben Wanderern auch mit Murmeltieren teilt.

Adresse Nenzinger Himmel, 6710 Nenzing, www.nenzinger-himmel.at | **ÖPNV** tägliche Fahrten mit dem Linientaxi: www.wanderbus.at oder www.nenzingerhimmel.at | **Anfahrt** Weder mit dem Auto noch mit dem Fahrrad erlaubt! Ausschließlich zu Fuß oder mit dem Linientaxi | **Öffnungszeiten** Mitte Mai – Mitte Okt. | **Tipp** Etwa auf halbem Weg zwischen Nenzing und Nenzinger Himmel liegt die sehenswerte Wallfahrtskirche Kühbruck. Davor liegen Gneisfindlinge, die vermutlich die maximale Breite des Ill-Gletschers während der letzten Eiszeit markieren.

88 Die Holzkassettendecke in der Beschlinger Kirche

Barockes Sponsoring

Dass das Kirchlein einst gotisch war, sieht man deutlich am Chor, unter dessen Rippengewölbe ein beeindruckender gotischer Flügelaltar steht. Auch die Fenster und die mittelalterlichen Wandgemälde links und rechts des Chores zeugen von dieser Ausstattungszeit.

Ab 1680 erweiterte die Gemeinde ihre Kirche im Stil des Barock, und eine Holzkassettendecke mit 44 Feldern wurde eingebaut. Da eine solche Umgestaltung kostspielig ist, war man froh um spendable Gemeindemitglieder. Als Dank für den finanziellen Beitrag erhielten die Stifter je ein Feld, das vom Nenzinger Künstler Christian Lutz gestaltet wurde.

Die Spender ließen aber nicht sich selbst porträtieren, sondern ihre Namenspatrone inklusive deren Attribute in einer Szene aus der Heiligenlegende. So zeigt das Bild von »Meinradt Kalchgrueber und sein Hausfraw Magdalena Tölsch« aus 1686 den heiligen Meinrad mit seinen Raben, wie er von zwei Räubern erschlagen wird, und Maria Magdalena mit dem Salbgefäß und dem Totenschädel, die für ihn betet.

Insgesamt 14 solcher Gemälde ergeben ein Mosaik, das ein herausragendes Beispiel der künstlerischen Fertigkeiten des Barock darstellt und die Verbundenheit der Beschlinger mit ihrer Kirche zeigt, die durch die inzwischen fast 500 Jahre alte Bruderschaft St. Julius und Ottilia besonders stark ist. So wurden auch die aktuellsten Renovierungsarbeiten teilweise durch Spenden finanziert. Risse, Wasserränder, Holzwürmer sowie das Abblättern der Farbe und mehrere Renovierungsversuche des vergangenen Jahrhunderts setzten den Bildern zu. Die jüngste und besonders aufwendige Sanierung erfolgte mit besonderer Hingabe, denn da die Bilder für eine Demontage zu empfindlich waren, wurden sie vor Ort von der Decke hängend drei Jahre lang restauriert.

Adresse Kirchweg, 6710 Nenzing-Beschling | **ÖPNV** vom Bahnhof Frastanz oder Nenzing mit dem Bus 72, Haltestelle Beschling Nenzinger Straße, weiter zu Fuß Richtung Ortszentrum von Beschling oder gute 10 Minuten zu Fuß vom Bahnhof Schlins-Beschling | **Anfahrt** A 14: Ausfahrt Nenzing, Richtung Nenzing fahren und nach dem Tunnel auf der Landstraße L 190 Richtung Frastanz, beim nächsten Kreisverkehr nach Beschling bis zum Dorfplatz fahren, dort parken und wenige Schritte den Hügel hinauf zur Kirche spazieren | **Tipp** Unweit von Beschling bietet das Walgaubad Nenzing eine erfrischende Abkühlung im Sommer. Es ist nicht nur familienfreundlich, sondern mit einem 25- und 50-Meter-Becken auch geeignet, um ein paar Bahnen zu ziehen. www.walgaubad.com

89 Der Immenhof

Das Bienenmuseum

In der Beschlinger Dorfstraße findet man einen ausgesprochen schönen Garten mit vielen Blumen und Pflanzen. Inmitten dieser gepflegten Idylle steht ein hölzernes Bienenhaus, wo die Familie Berchtold vier Generationen lang Honig produzierte. Die letzte Imkerin war Edith Berchtold, die sich sehr schweren Herzens von den Bienen trennen musste, da ihr Sohn auf die Stiche allergisch reagierte. Die arbeitsame und quirlige Rentnerin ist aber keine Frau, die jammert. Ihr ganzes Leben hat sie immer fleißig gearbeitet und wollte ihrer Imkerfamilie und den Bienen ein Denkmal setzen. Daraus entstand 2006 der Immenhof.

Es wäre auch viel zu schade, das Bienenhaus ungenutzt stehen zu lassen. Das kleine Gebäude ist im Original erhalten geblieben, auch wenn es zwischendurch um eine Schleuderküche erweitert wurde. Markant ist vor allem das geschindelte Holztürmchen, das für ein Bienenhaus einzigartig ist, aber keinen Zweck erfüllt. Der Imker war nur der Meinung, das Haus sei hässlich, und bat den Architekten, ein Türmchen zur Verschönerung anzubringen. Betritt man nun das Bienenmuseum, wird man von einer überwältigenden Sammlung bienenbezogener Exponate überrascht. Auf engstem Raum wird die gesamte Geschichte der Imkerei greifbar gemacht. Neben allerlei Werkzeug zur Honiggewinnung und Bienenzucht, Wachsprodukten und Honigtöpfen findet man Leihgaben und Geschenke wie etwa eine k. k. Honigschleuder. Das wahrscheinlich wertvollste Ausstellungsstück sind die riesigen, handgezeichneten Lithografien aus dem Jahr 1901, die als Anschauungsmaterial für den Unterricht dienten.

Edith Berchtold erzählt den Besuchern leidenschaftlich und engagiert die Geschichten rund um die Imkerei. Sie sieht es als ihre Lebensaufgabe, ihr Wissen weiterzugeben und Menschen von den Bienen zu begeistern. Aber auch auf die Folgen der negativen Umwelteinflüsse auf den Bienenbestand möchte sie hinweisen.

Adresse Dorfstraße 5, 6710 Nenzing | ÖPNV vom Bahnhof Frastanz oder Nenzing mit dem Bus 72, Haltestelle Beschling Nenzinger Straße, weiter zu Fuß Richtung Ortszentrum von Beschling oder gute 10 Minuten zu Fuß vom Bahnhof Schlins-Beschling | Anfahrt A 14: Ausfahrt Nenzing, Richtung Nenzing, nach dem Tunnel auf der L 190 Richtung Frastanz, beim nächsten Kreisverkehr nach Beschling und auf der Dorfstraße bis zum Kindergarten | Öffnungszeiten April–Sept. Fr 16–17 Uhr, nach Voranmeldung unter Tel. 0650/5197679 oder immer wenn der rote Fiat da steht | Tipp Im Nachbarort Frastanz befinden sich in der Museumswelt mehrere außergewöhnliche Museen, zum Beispiel das Grammophonicum oder das Tabakmuseum. Vorarlberger Museumswelt, Obere Lände 3b, 6820 Frastanz, www.museumswelt.com, Mi und Sa 13–17 Uhr

90 Die Römervilla

Ein nobles Bauernhaus als Freilichtmuseum

Die Frage, wann Vorarlberg römisch wurde, ist an sich schon ein Anachronismus, denn Vorarlberg als eigenständiger Kulturraum existiert mit Unterbrechungen erst seit dem späten 18. Jahrhundert. Auch lässt sich mangels Quellen schwer sagen, wie lange dieses Gebiet römisch war. Gesichert ist jedoch, dass Rom sich um das Jahr 0 Gebiete nördlich des Alpenkamms einverleibte und das heutige Vorarlberg Teil der Provinz Raetia war. Nichtsdestotrotz scheint gerade Bregenz eine wichtige römische Stadt gewesen zu sein, was man neben Thermen- und Verteidigungsanlagen auch an Überresten prächtiger mediterraner Villen erkennen kann. Die Zentren der römischen Villenkultur waren Bregenz und das Gebiet um Rankweil.

Wenn man die Erde ein bisschen umgräbt, kann es auch heute noch passieren, dass man auf eine Römervilla stößt, wie beim City-Tunnel in Bregenz oder in Rankweil. Hier stieß man 1954 auf einen vom 1. bis ins 5. Jahrhundert besiedelten Gutshof, dessen Badehaus man bei Bauarbeiten des Golfplatzes 1996 entdeckte. Man vermutet noch weitere Gebäudeteile dieser Villa, die einst wahrscheinlich ein autarker Gutshof war, der selbst landwirtschaftliche Erzeugnisse herstellte.

Ausgrabungen förderten wertvolle Aufschlüsse über das Leben der Römer zutage, wie etwa Fensterglas, Tafelgeschirr und Schreibgriffel. Die Bewohner mussten auch nicht auf Komfort und Luxus verzichten. Neben Fußboden- und Wandheizung und dem großzügigen Badehaus fand man Fragmente von Wandmalereien.

Da sich die gesamte Anlage schwer in einem Museum ausstellen lässt, entschied man sich, ein Freilichtmuseum zu eröffnen, das frei zugänglich ist. Mächtige Cortenstahl-Baukörper machen die Ausgrabungen weithin sichtbar und fügen sich aufgrund der Fenster und Aussparungen in die Landschaft ein, inszenieren Ausgrabungsobjekte und informieren Interessierte über die Römervilla.

Adresse Kirchstraße 25, 6830 Rankweil | ÖPNV Bus 56, Haltestelle Rankweil-Brederis Betriebsgebiet L 190, dann zu Fuß den Kreisverkehr überqueren und der Beschilderung des Golfplatzes folgen, nach dem Fußballfeld links | Anfahrt Autobahn A 14 bis Ausfahrt Rankweil oder von Feldkirch-Nord parallel zur Autobahn bis Ausfahrt Rankweil fahren, von dort immer der Beschilderung Golfplatz folgen, nach dem Fußballfeld links | Tipp Etwa 3 Kilometer südwestlich der Römervilla, zwischen Brederis und Meiningen, befindet sich das Naherholungsgebiet Paspels mit seinen Badeseen und seinem Biotop.

91 Die Frödisch-Schlucht

Ein unberührtes Paradies

Bis die Frödisch im Unterlauf in besiedeltes Gebiet fließt, ist sie ein nahezu unberührter Gebirgsbach. Durch mehrere verheerende Hochwasser, zuletzt 1954, entschied man sich, den wilden Fluss zwischen Muntlix und Sulz in ein Korsett zu zwängen. Dort wird er auch von Unternehmen etwa als Kleinwasserkraftwerk oder Kühlung genutzt. Folgt man der Frödisch ab der Wannenbrücke flussaufwärts, ändert sich der Eindruck des Gewässers auf einen Schlag, und man findet sich in einem Naturparadies wieder. Sobald man das Kieswerk durchquert hat, läuft man – am besten barfuß – am oder im Bach an kleinen Gumpen und Stromschnellen vorbei bis zu einem Wasserfall. Natürliche Bade- und Grillstellen säumen den Weg.

Eine andere Möglichkeit, die wildromantische Schlucht zu erkunden, ist über Dafins, wo man sich auf dem Masellaweg mit herrlichen Ausblicken der Frödisch nähert. Obwohl dieser Weg in den 1920er Jahren gebaut wurde, damit Pferdefuhrwerke und -schlitten Holz zum Fluss transportieren konnten, ist er heute als alpiner Steig ausgewiesen. Wohl eher, weil er auf der einen Seite ungesichert steil abfällt. Mit ein wenig Trittsicherheit erreicht man aber ohne Weiteres die Frödisch.

Dadurch, dass das Tal der Frödisch nie besiedelt wurde, blieb die Ökologie nahezu vollständig erhalten und bildet heute ein sehr wertvolles Schluchtwaldbiotop und ein naturbelassenes Ausflugsziel mit vielen Kleinoden, die nicht immer leicht erreichbar sind, wie etwa die Öfenschlucht.

Die nicht vorhandene Erschließung führte auch dazu, dass das Holz dieses waldreichen Gebietes bis 1971 auf der Frödisch getriftet wurde. Dazu wurden Staubecken angelegt, die nach einem Regenguss gefüllt wurden, und nachdem man das Tor aufgeschlagen hatte, spülten die Wassermassen das Holz ins Tal. Im Oberlauf wurde eine Wasserstube genannte Triftsperre restauriert, um sie als letzte Österreichs der Nachwelt zu erhalten.

Adresse zwischen Sulz, Röthis, Zwischenwasser und Viktorsberg | ÖPNV Bus 64, Haltestelle Dafins Wanne, oder Bus 60, Haltestelle Muntlix Engelbrücke, dann über Brücke, rechts und weiter wie unten | Anfahrt Autobahn A 14 bei Feldkirch Nord verlassen, Richtung Rankweil fahren und nach dem Ortszentrum der Straße bis Sulz folgen, dort ab dem Kreisverkehr der Beschilderung nach Dafins bis zur Brücke folgen, in den umliegenden Straßen parken, anschließend zu Fuß zum Kieswerk Röthis, dieses durchqueren, dann der Beschilderung »Frödischtal« folgen | Tipp Am Eingang der Frödisch-Schlucht in der Badstraße 8, 6832 Röthis befindet sich das interessante Schmiedemuseum. Geöffnet während der Geschäftszeiten der Metallwerkstätte Kieber und auf Anfrage, Tel. 05522/44655, schmiedemuseum@kieber.at

92 Der ehemalige Gasthof Adler

Das Stammhaus des Käsegrafen

Im Schatten der mächtigen Kanisfluh sammeln sich ein paar wenige holzbeschindelte Häuser um die Schnepfauer Pfarrkirche mit den neoromanischen Altären und dem oktogonalen Glockenturm mit Zwiebelhaube. Schwer zu glauben, dass eines dieser Häuser das Zentrum eines riesigen, fast europaweiten Handelsmonopols war. Aber Wolkenkratzer sucht man im Bregenzerwald vergebens, denn der Käsegraf Gallus Moosbrugger hatte sein Stammhaus im ehemaligen Gasthof Adler. Nur noch der Schriftzug und das Nasenschild mit dem goldenen Adler erinnern an den ehemaligen Gastbetrieb.

Die Gebrüder Moosbrugger kauften die Milch bei den Bauern auf, bezahlten aber im Voraus am Katharinentag, dem 25. November. Dadurch entstand eine Abhängigkeit, und wer nicht liefern konnte, musste kostenlos für den Käsegrafen arbeiten. Auch wurde der Milchpreis so niedrig gehalten, dass die Bauern häufig einen Kredit aufnehmen mussten, natürlich beim Käsegrafen. Auf der anderen Seite war Moosbrugger ein Modernisierer, ebenso wie sein erbitterter Antagonist Franz Michael Felder. Der eine als wirtschaftsliberaler Kapitalist, der andere als Sozialreformer. Während Felder eine Genossenschaft gründen wollte, damit die Bauern ihren Käse unabhängig von Moosbrugger vermarkten konnten, kümmerte sich dieser um den Verkauf der Ware nach ganz Österreich und Deutschland.

Aufgrund (zoll)politischer Veränderungen um 1817 verlagerte sich der Absatzmarkt in Richtung Italien, wo sich einer der Brüder Gallus niederließ. Der andere Bruder kaufte Besitztümer im Walgau, und zu dritt kontrollierten sie den Export von Käse und den Import anderer Güter. Der italienische Markt war so groß, dass die Moosbruggers dort eine Käsefabrik gründeten, und Gallus Moosbrugger gönnte sich eine Loge in der Mailänder Scala, wo er dem Gefangenenchor aus Verdis Nabucco lauschte.

Adresse Hag 36, 6882 Schnepfau | **ÖPNV** Bus 40, Haltestelle Schnepfau Gemeindeamt | **Anfahrt** auf der L 200 durch den Bregenzerwald fahren und zwischen Mellau und Au links nach Schnepfau abbiegen, vor der Kirche rechts abbiegen, zweites Haus auf der rechten Seite. Schön ist auch die Anfahrt über Bezau – Bizau – Schnepfegg. | **Tipp** Wenige Schritte vom ehemaligen Gasthof Adler entfernt befindet sich das einzige Café des Ortes, das Café Lässer. Hag 130, Tel. 05517/4114, Fr – Mi 9 – 22 Uhr

93_Der Regina-Lampert-Platz

Eine Schwabengängerin erinnert sich

Das alpine Bauernleben war hart und nicht sehr ertragreich, die Armut war groß. Vielen fiel es schwer, die kinderreiche Familie zu ernähren. Aus dieser Not heraus schickten ab dem 16. Jahrhundert Tiroler, Vorarlberger und Schweizer Bauern zumindest einige ihrer Kinder nach Schwaben, die dort als Saisonkräfte teilweise sklavengleich den Sommer über von Josefi bis Martini auf dem Feld oder im Haushalt arbeiten mussten. Der Lohn? Kost und Logis sowie »doppelt Häs«, also je ein komplettes Gewand für Werk- und Sonntag. Die Älteren und Kräftigeren bekamen noch »a bitzle Geald«, ein paar Gulden.

Regina Lampert war eines von den Schwabenkindern. Im zarten Alter von zehn Jahren hütete sie auf einem Bauernhof in der Nähe von Friedrichshafen Gänse und half in der Küche mit. Damit die Kleine überhaupt an die Töpfe kam, musste ein Schemel gebaut werden. Als sie eines kalten Oktobertages auf dem Feld ihre Füße in einem frischen Kuhfladen wärmte, wurde sie vom Württembergischen König inkognito dabei beobachtet. Er lud sie in seine Sommerresidenz und kleidete sie von Kopf bis Fuß neu ein, sodass sie vor Freude weinte.

Tränen vergoss die kleine Regina viele. Sie hatte Heimweh und wollte in der Schule lernen. Aber da ausländische Kinder in Württemberg von der Schulpflicht befreit waren, wurde dem neugierigen Mädchen der Schulbesuch verwehrt. Erst als die Schulpflicht unter Protest der Bauernlobby 1921 auf Ausländer ausgeweitet wurde, schaffte man das Schwabengehen ab. Regina Lampert verewigte 1929 mit 75 Jahren ihre Kindheitserinnerungen auf 1.500 handgeschriebenen Seiten, die erst 1996 veröffentlicht wurden. Inzwischen gilt ihr Werk als bedeutendster Zeitzeugenbericht eines Schwabenkindes und des bäuerlichen Lebens im 19. Jahrhundert. Als das Werk veröffentlicht wurde, benannte ihre Heimatgemeinde Schnifis einen Platz nach ihr und versteckte die Gedenktafel unter einer Hänge-Birke.

Adresse Regina-Lampert-Platz (besser: Schifflände, da der Name des Platzes nicht digitalisiert ist), 6822 Schnifis | **ÖPNV** Bus 75, 75a, Haltestelle Schnifis Gasthaus Krone, von dort an der Kirche vorbei nach rechts 100 Meter bergab | **Anfahrt** Autobahn A 14 bei der Ausfahrt Nenzing verlassen und über Bludesch nach Schnifis fahren, am besten bei der Kirche im Ortszentrum parken und die kurze Straße etwa 100 Meter bergab spazieren | **Tipp** Im Nachbarort Düns befindet sich eine außergewöhnliche Gaststätte, das Mulino. Zu festen Terminen (Reservierung obligatorisch!) an zwei Wochenenden im Monat um 19.30 Uhr werden jeweils maximal 14 Gästen italienische Spezialitäten kredenzt (www.mulino.biz).

94 Das Geburtshaus von Franz Michael Felder

Bauer, Poet und Reformer

Unscheinbar steht es am Straßenrand, das Geburtshaus eines großen Literaten und Sozialreformers. Aufgrund einer Tuberkulose erlebte Franz Michael Felder seinen 30. Geburtstag knapp nicht, hinterließ dennoch ein beeindruckendes literarisches Erbe, das zwar nie ein breites Publikum anzog, von anderen Autoren aber umso mehr gefeiert wurde.

Aber nicht von allen, denn er polarisierte den Bregenzerwald stark. In einfachsten bäuerlichen Verhältnissen aufgewachsen, wurde viel über ihn getuschelt, da er sich schon früh fürs Lesen begeisterte. Dass selbst sein Grabstein noch Jahre nach seinem Tod immer wieder mit Dreck beschmiert wurde, zeugt davon, dass er es bereits zu Lebzeiten nicht einfach hatte. Einmal musste er sogar aus seiner Heimat fliehen. Dabei setzte er sich sehr für die Bregenzerwälder Bauern ein, von denen er selbst einer war.

Die meisten lebten von der Milchwirtschaft. Monopolisten wie der Käsegraf Gallus Moosbrugger kauften die Milch zu so niedrigen Preisen, dass die Bauern bei ihm einen Kredit aufnehmen mussten, mit solchen Zinsen, dass sie diesen zu Lebzeiten niemals tilgen konnten. Felder hielt die Abhängigkeit in Gedichten fest, war aber auch ein Mann der Taten. Vom sozialistischen Schriftsteller Ferdinand Lassalle inspiriert, gründete er eine Genossenschaft mit dem Ziel, dass die Bauern ihre Produkte selbst vermarkten konnten und eine Viehversicherung bekamen. Damit war er natürlich der erklärte Feind des Käsegrafen, der auch den Klerus hinter sich hatte.

Aber der Visionär aus dem hinteren Bregenzerwald hatte auch begeisterte Anhänger, vor allem in Schoppernau. Er verbreitete Zeitungen auch in entlegene Weiler, gründete eine Bibliothek und schließlich die Partei der Gleichberechtigung. Und das alles, obwohl er fast blind war.

Adresse Oberdorf 55, 6886 Schoppernau | **ÖPNV** Bus 40, Haltestelle Schoppernau Gemeindeamt und 10 Minuten zu Fuß oder auf Bus 40a umsteigen und eine Station bis Schoppernau Oberdorf fahren | **Anfahrt** durch den Bregenzerwald auf der L 200 bis Schoppernau, am Ortsende steht das Haus auf der linken Seite | **Tipp** Unweit vom Geburtshaus befindet sich im Tourismusbüro im Ortskern das Franz-Michael-Felder-Museum. Unterdorf 2b, 6886 Schoppernau, Mo 16–18 Uhr, Do 9–11 Uhr, Fr 17–19 Uhr, So 9.30–11.30 Uhr

95 Die Villa Maund

Das hölzerne Jagdschloss

In völliger Abgeschiedenheit im Schoppernauer Ortsteil Hopfreben im hinteren Bregenzerwald kann man fulminante Feste feiern und hervorragend jagen. Das dachte sich auch der Unternehmer und Alpinist John Oakley Maund, der gerne im Bregenzerwald auf die Jagd ging. Mit mehreren Erstbesteigungen von Viertausendern im Montblanc-Massiv zählt er zu den herausragenden Bergsteigern der zweiten Hälfte des 19. Jahrhunderts.

Sein Geld verdiente der englische Banker während der britischen Kolonialisierung des südlichen Afrika mit Unternehmen, die neue Gebiete und deren Bodenschätze erschlossen und verwalteten, was nicht selten in blutigen Konflikten endete. Ob seine Unternehmen auch am Sklavenhandel Geld verdienten, ist nicht gesichert. Um Maund rankten sich nämlich auch viele Gerüchte und Legenden, wie das bei der High Society üblich war und ist. Üblich war in seinem Kreis auch das Jagen, was er leidenschaftlich tat. Anfangs hauste er im Hotel Krone in Au, bevor er den bekannten britischen Künstler und Architekten William Morris mit dem Bau seiner Villa in Schoppernau beauftragte. Dieser hatte bereits zwei ähnliche Villen für Maund am Vierwaldstättersee gebaut.

Die Holzschindeln sollen an die Bregenzerwälder Bautradition anknüpfen, die Loggia im britisch-schottischen Cottage-Stil soll aber einen deutlichen Kontrast zwischen dem Unternehmer und der einfachen bäuerlichen Bevölkerung zum Ausdruck bringen. Nachdem Maund 1902 ermordet wurde – angeblich mit einem Sandsack –, wurde die Villa von Kronprinz Wilhelm von Preußen immer wieder als Jagdschloss genutzt, der hier einen Teil der Kronjuwelen der Hohenzollern versteckt haben soll. Ein wahrer Schatz ist jedoch die Inneneinrichtung der Villa, die noch im Original erhalten ist und von Bregenzerwälder Handwerkern stammt. Hinein kommt man heute aber nur während einer Führung oder als Gast einer der Hochzeiten, die hier gefeiert werden.

Adresse Hinterhopfreben 234, 6886 Schoppernau, www.gasthof-adler.at/villa-maund | **ÖPNV** mit Bus 40 bis Schoppernau Gemeindeamt, dort Anschluss an Bus 40a bis Schoppernau Vorderhopfreben, von dort zu Fuß weiter auf dem F.-M.-Felder-Wanderweg, Villa Maund ausgeschildert | **Anfahrt** auf der L 200 durch den Bregenzerwald, hinter Schoppernau durch den Tunnel und nach der Brücke die erste Möglichkeit links, bei den Häusern weiter geradeaus auf der steilen Schotterstraße fahren und im Wald rechts abbiegen | **Öffnungszeiten** Führungen etwa alle 2 Wochen, manchmal auch öffentliche Veranstaltungen. Kontaktieren Sie hierfür den Gasthof Adler: Tel. 05515/2106, www.gasthof-adler.at | **Tipp** Über dem Tunnel zwischen der Villa und Schoppernau ist die 2018 in Eigeninitiative wieder errichtete Armenseelekapelle einen Abstecher wert.

96 Das Hemingway-Denkmal

Die wilden Jahre des Nobelpreisträgers

Jedes Jahr beherbergt der Hauptort des Montafon mehrere hunderttausend Gäste. Doch seinen berühmtesten Gast kennen nur die wenigsten. Ernest Hemingway verbrachte 1924 und 1925 zwei unvergessliche Winter im Montafon. Schruns brüstet sich jedoch nicht mit seinem prominenten Gast. Zu groß waren die Vorwürfe, er habe sich im Zweiten Weltkrieg eines Kriegsverbrechens schuldig gemacht. Doch auch wenn die Vorwürfe entkräftet werden konnten, wurde sein Denkmal wenig prominent hinter die ehemalige Touristeninformation und nicht auf den Kirchplatz gesetzt.

Dabei war Schruns einer der wichtigsten Orte im Leben des Schriftstellers und Nobelpreisträgers, wobei er erst nach seinen dortigen Aufenthalten Berühmtheit erlangte. Als ehemaliger Reporter ließ er sich in Paris nieder und verschrieb sich der Schriftstellerei. Auf der Suche nach einer günstigen Urlaubsdestination riet ihm ein Freund, nach Schruns zu fahren. Durch die Inflation als Folge des Ersten Weltkrieges war die Krone fast wertlos und der Urlaub im Montafon leistbar geworden.

Hier fühlte Hemingway sich zwei Winter lang völlig frei, zum letzten Mal in seinem Leben. Unbeschwert ging er auf Skitouren, spielte nächtelang mit Freunden und sogar der Gendarmerie Poker, trank exzessiv Schnaps und Fohrenburger Bier und begann eine Affäre. Mit diesen Eskapaden wollten die katholischen Montafoner nichts zu tun haben. Nichtsdestotrotz begann in Schruns auch seine Karriere als Schriftsteller. Hier verpasste er seinem ersten Roman »Fiesta« den letzten Feinschliff und fand auch einen Verlag dafür. Mit diesem Roman gelang ihm der Durchbruch.

Nicht nur sein erstes, sondern auch sein letztes Werk hat einen Bezug zum Montafon. Im posthum veröffentlichten Werk »Paris – Ein Fest fürs Leben« erinnert sich Hemingway an seine Zeit als junger Autor in Paris und seine Winter im Montafon mit den Worten »Wir liebten Vorarlberg, wir liebten Schruns«.

Adresse in der Nähe vom Hotel Löwen, Silvrettastraße 8, 6780 Schruns | ÖPNV wenige Minuten zu Fuß vom Bahnhof Schruns | Anfahrt A 14 bzw. S 16 bis zur Ausfahrt Bludenz-Montafon, weiter bis Schruns. Parken im Ortszentrum oder bei der Hochjochbahn möglich | Tipp Wer mehr über die Geschichte des Montafon erfahren möchte, wird im Montafoner Heimatmuseum fündig. Kirchplatz 15, 6780 Schruns, www.montafoner-museen.at, Sommer: Di–Fr, So 14–18 Uhr, Winter: Di–Fr 15–17 Uhr, Herbst und Frühling geschlossen

97__Der Angelika-Kauffmann-Saal

Perfekte Akustik

Sobald zwei Hornisten kurze Schubert-Duette zum Besten geben, begibt sich das Publikum in den Saal. Die meisten von ihnen treffen schon lange vor dem Konzertbeginn in Schwarzenberg ein, um die Landschaft bei Snacks und Sekt zu genießen. Mit jährlich rund 35.000 Besuchern und 80 Veranstaltungen zählt die Vorarlberger Schubertiade zu den renommiertesten Schubert-Festivals der Welt. 1994 wurde das Konzertspektrum um die »Landpartien« erweitert. Besucher werden an verschiedene, landschaftlich besonders reizvolle Orte geführt, wo sie Werken lauschen, die Schubert auf Reisen komponierte. Ein Schauplatz dieser Landpartie mauserte sich zum Hauptschauplatz der Schubertiade, der Angelika-Kauffmann-Saal in Schwarzenberg.

Der schlicht anmutende Holzsaal überrascht mit einer Akustik, die von Kritikern mit Superlativen überhäuft wird. Er sei einer der drei besten Kammermusiksäle Österreichs oder gar ebenbürtig mit der Londoner Wigmore Hall. Die Akustik ist so perfekt, dass alle 600 Gäste gleichzeitig davon profitieren und auch Tonaufnahmen immer gelingen.

Benannt wurde er nach der berühmtesten Tochter Schwarzenbergs, der klassizistischen Malerin Angelika Kauffmann. In einer Künstlerfamilie aufgewachsen, wurde sie aufgrund der vielen Umzüge von ihren Eltern unterrichtet. Ihre Mutter förderte ihre Sprach- und Gesangsbegabung, und ihr Vater – ebenso Maler – brachte ihr sein Handwerk bei. Mit ihren Porträts wurde sie schnell berühmt und Mitglied mehrerer Kunstakademien in Italien sowie Gründungsmitglied der Royal Academy of Arts in London. Sie galt als »kultivierteste Frau Europas« und wichtigste Porträtmalerin ihrer Zeit. Nach dem Tod ihres Vaters zog sie nach Rom, wo sie auf bedeutende Aristokraten und Künstler traf, darunter Goethe. Er wurde ein wichtiger Freund und Wegbegleiter Kauffmanns, den sie auch porträtierte.

Adresse Hof 454, 6867 Schwarzenberg | **ÖPNV** Bus 35, 38, Haltestelle Schwarzenberg Dorfplatz | **Anfahrt** auf der L 200 bis Egg und im Zentrum an der großen Kreuzung nach Schwarzenberg abbiegen oder von Dornbirn über das Bödele ins Zentrum von Schwarzenberg fahren, der Saal ist ausgeschildert | **Öffnungszeiten** nur zu den Veranstaltungen geöffnet, aber auch von außen schön anzusehen | **Tipp** Schwarzenberg hat nicht nur einen der besterhaltenen und schönsten Dorfplätze des Landes, sondern auch eine besonders schöne Kirche. Die 13 Apostelbilder sind die einzigen Wandmalereien der damals 16-jährigen Angelika Kauffmann. Auch das Hochaltarbild stammt von ihr. Das Deckenfresko malte ihr Vater.

98 Die Freilichtbühne

Fantastische Sagengeschichten

Der Alpenraum ist voll von mystischen Erzählungen. Sagen haben in Vorarlberg einen sehr hohen Stellenwert und sind Teil der heimischen Kultur. Heute existieren unzählige Bücher voller Sagen aus Vorarlberg, doch lange Zeit wurden die Geschichten nur mündlich überliefert, weshalb sie immer wieder variieren. Sie klingen wie wirklichkeitsgetreue Erlebnisberichte, da reale Personen und Begebenheiten mit Fiktion vermischt werden. Auch existiert häufig ein starker lokaler Bezug.

Das Silbertal blickt auf eine lange Siedlungsgeschichte zurück, die viel Stoff für Sagen liefert. Vor allem der Kristberg bot mit seinen Bergwerken Vorlagen für die eine oder andere Sage. Außerdem brachten zugewanderte Walser und Rätoromanen Sagen aus ihrer Heimat mit.

Dass Sagen heute noch beliebt sind, beweisen die Sagenfestspiele Silbertal. Noch bevor die Freilichtbühne – eine der größten Europas – stand, wurden Sagen am Teufelsbach-Wasserfall im Lichte von Fackeln vorgetragen. Diesem mystischen Schauspiel wohnten mit der Zeit so viele Leute bei, dass die vielen Zuseher während der Aufführungen die einzige Zufahrtsstraße blockierten. Die Gebrüder Netzer wollten daraufhin ihren Grund zur Verfügung stellen, jedoch fehlte für die Mystik eindeutig der Wasserfall. Also lieh man sich eine Tauchpumpe aus, und fertig war die Replik, die auf Knopfdruck das Wasser 20 Meter in die Tiefe stürzen lässt. Dazu gesellten sich eine Kirche, ein Häuschen und ein Schopf. Heute stehen 15 authentische Gebäude nach historischem Vorbild auf der Bühne, und es wurde eine aufwendige Licht- und Tontechnik installiert.

Seit 1999 tragen pro Aufführung rund 50 Laienschauspieler aller Generationen und Mitwirkende aus der Umgebung Stücke vor, die Autor und Regisseur Ewald Netzer schreibt. Er bedient sich dabei der Sagen, die in Zusammenhang gebracht ein abendfüllendes, fantastisches Schauspiel ergeben.

Adresse Dorfstraße, 6780 Silbertal, www.sagenfestspiele.at | **ÖPNV** vom Bahnhof Schruns mit dem Bus 88, Haltestelle Silbertal Kristbergbahn, der Straße etwa 200 Meter folgen und dann rechts über die Brücke | **Anfahrt** A 14 bzw. S 16 bis zur Ausfahrt Bludenz-Montafon, weiter bis Schruns, im Ortszentrum auf der Silbertalstraße bis nach Silbertal fahren, am Ende des Dorfes rechts über die Brücke, Parkplätze vorhanden | **Öffnungszeiten** außerhalb der Spielzeiten werden im Sommer Führungen angeboten, genaue Termine auf der Homepage oder unter Tel. 05556/77049 | **Tipp** Das Montafoner Bergbaumuseum bietet einen schönen Einblick in die Welt des Bergbaus inklusive archäologischer Funde, aber auch Mythen und Sagen. Im Gemeindamt, Dorfstraße 8, 6782 Silbertal, www.montafoner-museen.at, Sommer: Di–Fr, So 14–18 Uhr, Winter: Di–Fr 15–17 Uhr, Herbst und Frühling geschlossen

99 Das biosphärenpark.haus

Verbunden mit der Natur

Das Thema Umwelt kann stark polarisieren. Einige Positionen liegen diametral auseinander und scheinen sich auszuschließen. Nicht so im Großen Walsertal. Die Walser besiedelten das Tal im 14. Jahrhundert, rodeten Wälder und widmeten sich hauptsächlich der Viehwirtschaft. Das taten sie im Einklang mit der Natur. An diese Tradition wird heute wieder angeknüpft, und man hat sich zum Ziel gesetzt, die Natur zu nützen, ohne ihr zu schaden. Das heißt, der Biosphärenpark ist kein klassisches Naturschutzgebiet, vielmehr steht der Mensch als Bestandteil des Lebensraums im Vordergrund, wo Ökonomie und Ökologie Hand in Hand gehen.

Nachhaltigkeit ist der Kern des Konzeptes. Durch regionale Wertschöpfung werden Arbeitsplätze erhalten, und durch nachhaltige Entwicklung sogar neue geschaffen. Der Haupterwerbszweig im Großen Walsertal ist immer noch die Landwirtschaft, die bereits zu 40 Prozent nach biologischen Standards arbeitet. In Marul sind es sogar 100 Prozent. 100 Prozent erneuerbare Energie aus regionalen Quellen ist auch ein Ziel des Gesamtkonzeptes, das darüber hinaus die Förderung der Walser Kultur beinhaltet.

Das für seine Nachhaltigkeit mehrfach ausgezeichnete Große Walsertal wurde im November 2000 auf die Liste der UNESCO-Biosphärenreservate aufgenommen, ist somit als Teil des Programms »Der Mensch und die Biosphäre« mit den anderen knapp 700 Reservaten in 120 Ländern vernetzt und erfüllt vier Funktionen: Schutz, Entwicklung, Bildung und Forschung.

Um das Konzept für Einheimische und Gäste greifbar zu machen, wurde mit dem biosphärenpark.haus in Sonntag ein interaktives Zentrum geschaffen. Hier kann sich der Gast über die Region informieren oder im Laden und im Bistro regionale Köstlichkeiten wie den heimischen Bergkäse probieren, den Walserstolz, dessen Zubereitung man in der Schaukäserei im Untergeschoss miterleben kann.

Adresse Boden 34, 6731 Sonntag | **ÖPNV** Bus 77, Haltestelle Sonntag Seilbahn Stein | **Anfahrt** Autobahn A 14 an der Ausfahrt Nenzing, Großes Walsertal verlassen und Beschilderung Richtung Thüringen und Großes Walsertal folgen, ab Thüringen auf der L 193 bis zum Ortsende von Sonntag fahren. Parken in unmittelbarer Nähe bei der Seilbahn möglich | **Öffnungszeiten** So–Mi 12–18 Uhr, Do–Sa 10–18 Uhr, Führungen jeden Montag im Sommer und Winter um 11 Uhr, genaue Daten auf www.grosseswalsertal.at | **Tipp** Mit der Seilbahn hat man in wenigen Minuten das Tal überquert und ist im schönen Wandergebiet Stein. Der Wanderweg Klangraum.Stein ist ein besonderes Erlebnis, das sich mit den Klängen der Natur auseinandersetzt. Ein Grillplatz inklusive Lehmofen mit einer eigens kreierten Pizza, die an der Talstation der Seilbahn erhältlich ist, rundet das Erlebnis kulinarisch ab.

100 Der Maisäß Montiel

Wandern auf den Spuren der Dreistufenwirtschaft

Der Begriff »maygen gesäß« existiert in Vorarlberg nachweislich schon seit 1380 und bedeutet wörtlich »der Sitz im Mai«. Darunter versteht man die mittlere Stufe der Dreistufenwirtschaft, die in Vorarlberg eine lange Tradition hat. Im Bregenzerwald gehört sie seit 2011 zum Immateriellen Kulturerbe der UNESCO und wird heute noch teilweise betrieben.

Jahrhundertelang wurde das Vieh im Mai auf den Maisäß beziehungsweise Vorsäß getrieben, sobald das Futter im Tal zur Neige ging. Auf den gerodeten Flächen, die durch ihre Hanglage für den Ackerbau nicht genutzt werden konnten, blieben die Tiere für drei bis vier Wochen, bis sie im Juni auf die Alpe getrieben wurden. Fertig ist die Dreistufenwirtschaft. Im Herbst ging es dann über den Maisäß wieder retour ins Tal. Somit konnte im Rhythmus der Jahreszeiten die gesamte Vegetation als Futtermittelquelle genutzt werden.

Die Besonderheit in Vorarlberg und den angrenzenden Regionen ist, dass meist der gesamte Hof mitzog und die Bauern somit Halbnomaden waren. Die Milch wurde an Ort und Stelle zu Butter und Käse verarbeitet und erst mit dem Almabtrieb ins Tal gebracht. Aus der langen Lagerung entstand der heute bekannte Bergkäse, der sehr lange haltbar ist.

Das Leben auf dem Maisäß war hart, der ganze Hof lebte auf engstem Raum, das Wohl der Tiere stand oft über dem Wohl der Bauernfamilie. Ironischerweise ist die Nachfrage nach den mit spärlichem Komfort ausgestatteten, nur zu Fuß zu erreichenden Häusern wieder gestiegen. Eigenschaften, die einst zur Aufgabe der Maisäße führten. Touristen sind hingegen auf der Suche nach der ursprünglichen Abgeschiedenheit, die sie zum Beispiel in Montiel finden. In den mit Holzschindeln bedeckten Blockhäusern aus dem frühen 17. Jahrhundert findet man die Ruhe und die Natur, um sich zu entspannen, und Wanderwege, um die alljährlichen Wege der Montafoner Halbnomaden nachzuempfinden.

Adresse Montiel, 6791 St. Gallenkirch | **ÖPNV** vom Bahnhof Schruns mit Bus 85, Haltestelle St. Gallenkirch Zentrum, weiter wie unten beschrieben | **Anfahrt** auf der L 188 durch das Montafon bis St. Gallenkirch, im Ortszentrum parken, von dort der weiß-rot-weißen Beschilderung Schoda, später Montiel folgen (etwa zweistündige Wanderung); mehrere Wandermöglichkeiten, teilweise geführt, Infos unter info@montafon.at oder Tel. 050/6686 | **Tipp** Es lohnt sich, einen Blick in die Pfarrkirche St. Gallus zu werfen. Besonders die barocken Deckengemälde und die kürzlich freigelegten gotischen Fresken sind beeindruckend.

101_Der Montafonertisch

Praktisch und schön

Eine Besonderheit im Montafon ist eine gelungene Verschmelzung aus Möbelstück und Kunstwerk, aus Funktion und Design: der Montafonertisch. Ursprünglich kommt er vermutlich aus dem Engadin, wurde aber vor 250 bis 300 Jahren im Montafon zu seiner heutigen Form weiterentwickelt. Die Anzahl der (Kunst-)Tischler, die diesen traditionsreichen Tisch herstellen, kann man an einer Hand abzählen. Einer von ihnen ist der fröhliche Thomas Vergud, der seinen Besuchern stolz sein Handwerk zeigt.

Traditionell ist der Tisch viereckig, jedoch sind die vier Ecken »gebrochen«. Das liegt daran, dass in einem Montafonerhaus der Montafonertisch im Herrgottswinkel steht. Dieser befindet sich in der Stube gegenüber dem Kachelofen mit dem Kruzifix in der Ecke hängend, umgeben von Maria und Josef. Hier steht traditionell eine Eckbank, und wenn die Ecken des Tisches gebrochen sind, kommt man leichter herum. In der Mitte des Tisches ist eine Schieferplatte eingelegt. Die ist sehr praktisch, da man den heißen Kochtopf direkt auf den Tisch stellen und die Ergebnisse vom Jassen (=Kartenspiel) mit Kreide auf die Platte schreiben kann.

Die Tischplatte selbst besteht nicht nur aus mehreren unterschiedlichen und allesamt heimischen Hölzern, sondern auch aus präzise und filigran gearbeiteten Bordüren. Diese Bänder in geometrischen Formen sind so individuell wie der Tischler und der Käufer, denn jeder Tisch ist ein Unikat und wird auf Bestellung gefertigt. Er muss ja schließlich genau in die Stube des Kunden passen, und die Kunden kommen inzwischen nicht nur aus dem Tal, sondern sogar aus Japan und Südamerika.

Was niemals auf einen Montafonertisch kommt, ist eine Tischdecke, denn der Tisch selber ist schon sehr dekorativ, und letztlich ist er doch ein Möbelstück und kein Ausstellungsstück. Selbst die Bordüren sind so gearbeitet, dass man den Tisch auch mal abschleifen kann.

Adresse Kunsttischlerei Thomas Vergud, Silvrettastraße 93, 6791 St. Gallenkirch-Gortipohl, www.tischlerei-vergud.at | **ÖPNV** vom Bahnhof Schruns mit Bus 85, Haltestelle Gortipohl Innergant | **Anfahrt** auf der L 188 nach Gortipohl, die Tischlerei liegt direkt an der Hauptstraße | **Öffnungszeiten** Mo – Fr 8 – 17 Uhr, Sa 8 – 12 Uhr | **Tipp** Von der Tischlerei dem Innergantweg folgend, erreicht man einen schönen Fußweg zum teils natürlichen, teils verbauten Balbierbach-Wasserfall und weiter in das Ortszentrum. Von dort zurück zur Tischlerei ergibt das eine nette Spazierrunde durch Gortipohl.

102 Der ehemalige Ross-Stall der Propstei

Eine beispielhafte Nachnutzung

Der Ort hat etwas Mystisches an sich, denn das heutige Seminar- und Begegnungszentrum ist seit über 1.000 Jahren ein Ort der Besinnung. Wahrscheinlich wurden die Gründungsurkunden durch einen Brand im 14. Jahrhundert vernichtet, weshalb man heute nicht mehr genau sagen kann, wann und wie das Kloster gegründet wurde, was die Mystik untermalt. Aber fast genauso schön wie historische Dokumente beschreibt eine Legende den Ursprung dieser Stätte.

Es muss Mitte des 10. Jahrhunderts gewesen sein, als Gerold, der damalige Herzog von Sachsen, mit seinem Esel gen Süden zog, um als Einsiedler in Abgeschiedenheit zu leben. Ob er das aus religiösen Gründen tat oder weil er in seiner Heimat verfolgt wurde, ist nicht gesichert – nur, dass sich sein Esel unter eine Eiche legte und nicht mehr weiterzog.

Während einer Bärenjagd suchte der verfolgte Bär Schutz bei Gerold unter der Eiche. Die ihn verfolgenden Jagdhunde wurden ruhig, und die Jäger knieten sich vor Gerold nieder. Als sie ihrem Grafen Otto von Jagdberg von dem Wunder erzählten, schenkte dieser dem Einsiedler den Grund um die Eiche und ließ eine Zelle und eine Kapelle errichten, wo Pilger von Gerold mit Speis, Trank und Worten gestärkt wurden. Kurz vor seinem Tod überließ Gerold die Anlage dem Kloster Einsiedeln, und seitdem entwickelte sich die Propstei stetig weiter, bis sie schließlich zu einem Seminarzentrum umgebaut wurde. Bei den neuesten Renovierungen legte man besonderen Wert darauf, die historischen Gebäudeteile zu erhalten und ihnen neues Leben einzuhauchen. Besonders gelungen ist dies am Beispiel des ehemaligen Ross-Stalls. Der Großteil der aus 1696 stammenden Bausubstanz ist noch erhalten, und dort, wo einst die Pferde speisten, speisen heute die Gäste in ganz besonderem Ambiente.

Adresse Propstei St. Gerold, Hausnummer 29, 6722 St. Gerold, www.propstei-stgerold.at | **ÖPNV** Bus 77, Haltestelle St. Gerold Gemeindeamt, von dort wenige Minuten zu Fuß, einfach den Weg bergab nehmen | **Anfahrt** Autobahn A 14 an der Ausfahrt Nenzing, Großes Walsertal verlassen und der Beschilderung Richtung Thüringen und Großes Walsertal folgen, ab Thüringen immer auf der L 193 bleiben, kurz nach Ortsbeginn St. Gerold rechts bergab, Propstei ausgeschildert | **Öffnungszeiten** Mo–So 8–18.30 Uhr | **Tipp** Im Gemeindezentrum des Nachbarortes Blons befindet sich das Lawinen-Dokumentationszentrum mit einer interessanten Ausstellung über die verheerende Lawinenkatastrophe 1954. Blons 9, 6723 Blons, Mo–So 8–18 Uhr

103 Die Marienlinde

»Beende den Krieg und schütze uns mit deinem Kinde«

Welch schlimme Folgen ein Krieg nach sich zieht, sollte man sich auch in Friedenszeiten immer wieder vor Augen führen. Betroffen von Kriegen sind nicht nur die Schauplätze der Kampfhandlungen, sondern auch Orte fernab der Front. Zum 100-jährigen Gedenken an den Ersten Weltkrieg, den »Großen Krieg«, widmete sich der Bregenzerwald den damaligen Ereignissen und untersuchte, wie sich der Krieg auf das Gemeinschaftsleben auswirkte. Feldpostbriefe und vor allem Notizbücher geben die realistischen Eindrücke der damaligen Soldaten wieder, noch bevor das Geschehene richtig verarbeitet werden konnte. So auch die Notizbücher des Sulzbergers Josef Blank. Er gehörte zu den 201 Sulzbergern, die am 31.7.1914 einberufen wurden und zwei Tage darauf nach der Sonntagsmesse die Kaiserhymne singend einrücken mussten.

Nicht nur die im Krieg gefallenen oder mit traumatischen Erlebnissen zurückkehrenden Soldaten veränderten das Leben in den vom Krieg eigentlich unberührten Gemeinden. Auch die Ungewissheit und der Mangel an Männern prägten das Dorfleben. Als Anfang 1916 der letzte Bäcker im Dorf einrückte, musste das Brot mit dem Wälderbähnle nach Bozenau und von dort mühsam zu Fuß über Thal nach Sulzberg gebracht werden.

Viel anderes blieb den Menschen in Sulzberg nicht übrig, als für das Kriegsende zu beten. Hierfür wurde Maria vom Sieg angerufen. Um ihren Gebeten Nachdruck zu verleihen, setzten sie eine Muttergottes-Statue mit Jesuskind in die hohle Dorflinde. Durch die liebevolle Pflege dieses Naturdenkmals erfreut sich das Sulzberger Wahrzeichen seit 450 Jahren bester Gesundheit. Es gedeiht so gut, dass die Linde zuletzt sogar um sechs Meter gestutzt werden musste. Sorge bereitet eher der Stamm, der langsam zusammenwächst und die Marienstatue verschwinden lässt. Vielleicht verschwinden damit auch alle Kriege, und die Statue wird dadurch sowieso überflüssig. Zumindest darf man sich das wünschen.

Adresse Hinter der Pfarrkirche, Dorf 351, 6934 Sulzberg | **ÖPNV** vom Bahnhof Bregenz mit Bus 25 bis Sulzberg Fahl, weiter mit Bus 28 bis Sulzberg Dorfplatz | **Anfahrt** Autobahn A 14 bei Bregenz-Weihdach verlassen und der Beschilderung nach Langen und Doren folgen, später ist Sulzberg ausgeschildert, im Ortszentrum parken | **Tipp** Als Gast im Gasthof Alpenblick genießt man neben einem atemberaubenden Alpenblick auch richtig gute Kässpätzle. Dorf 12, 6934 Sulzberg, www.alpenblick.co.at, Fr–Di 11.30–20.30 Uhr

104 Der Geburtsort von J. K. Blank

Der tragische Tod eines beliebten Mathematikers

Verläuft man sich nach Gullenbach, wird man von einer vollkommenen Idylle empfangen. Nicht einmal den kreativsten »Tatort«-Autoren würde dieser Winkel als Geburtsort des Opfers eines filmreifen Raubmordes einfallen. Aber das Leben schreibt ja bekanntlich die besten Geschichten, so auch jene von Johann Konrad Blank.

Seine Geschichte beginnt in Gullenbach. Steht man an der Bushaltestelle und blickt sich um, entdeckt man zwei Häuser. Geboren wurde Blank nicht in jenem, das in der bekannten Online-Enzyklopädie abgebildet ist, sondern im anderen. Zumindest in dem Haus, das vorher an derselben Stelle stand. 1757 erblickte er dort als erstes von elf Kindern das Licht der Welt. Seine Talente wurden früh erkannt, weshalb er das Gymnasium besuchen durfte. Der zum Diözesanpriester geweihte Mathematikprofessor war bei seinen Schülern sehr beliebt, unter anderem, weil er populäre Lehrbücher schrieb, die er jeden Morgen verkaufte. Eines Morgens erschien er aber nicht wie immer pünktlich in der Universität, sondern lag mit 14 Messerstichen blutüberströmt in seiner Wohnung. Nur drei Tage später konnte sein Mörder verhaftet werden. Während seiner Abschiedsfeier – in Wien wurde ihm der Boden zu heiß – wurde der polnische Adelige Severin von Jaroszynski überführt.

Da er über seine Verhältnisse lebte, floh der spielsüchtige Frauenschwarm von Polen nach Wien, wo er bereits als Jugendlicher in einer Eliteschule unterrichtet wurde, unter anderem von Johann Konrad Blank. Nach der Rückkehr Jaroszynskis nach Wien erinnerte er sich an seinen Mathematiklehrer und besuchte ihn unter dem Vorwand, er wolle Geld anlegen und brauche Rat. Während seines Besuches stach er zu und stahl einige Wertpapiere Blanks, die ihn schlussendlich überführten. Er wurde zum Tod durch den Galgen verurteilt und auf seinem Weg zur Hinrichtungsstätte von 200.000 Schaulustigen begleitet.

Adresse Gullenbach, 6934 Sulzberg | **ÖPNV** sporadisch verkehrende Linien Bus 28a, 28b, Haltestelle Sulzberg Gullenbach oder Bus 29, Haltestelle Riefensberg Golfplatz, von dort eine knappe halbe Stunde zu Fuß | **Anfahrt** Autobahn A 14 bei Bregenz-Weihdach verlassen und Beschilderung nach Langen und Doren folgen, in Krumbach links Richtung Oberstaufen fahren und kurz vor der Grenze beim Golfplatz links abbiegen | **Tipp** Hinter dem großen Bauernhaus führt ein Fußweg über die grüne Grenze nach Deutschland. Wenn man bei der Brücke links abbiegt, kommt man in wenigen Schritten zum schönen Eibele-Wasserfall.

105 Das Sandrellhaus

Wohnen wie vor 500 Jahren

Seit mehr als einem halben Jahrtausend steht es nun da, dieses besondere Haus. Wenn die Wände sprechen könnten, würden sie so einiges über das Montafon erzählen. Es ist nämlich das älteste im Ganzen erhaltene Haus der Talschaft. Aufgrund der Baumalter-Wissenschaft, der Dendrochronologie, kann man exakt bestimmen, dass das Haus 1457 erbaut wurde. Brandreste eines Kamins weisen aber darauf hin, dass der Bau deutlich älter sein muss, nur wollte der Restaurator den Bericht nach dem Fund nicht mehr umschreiben, weshalb das Haus offiziell auf 1457 datiert wurde.

Bei diesem Schmuckstück handelt es sich um ein typisches Montafonerhaus, einer Mischung aus dem rätoromanischen Steinhaus und dem hölzernen Walserhaus. Da Wohn- und Wirtschaftsgebäude nebeneinanderstehen, spricht man hier von einem Paarhof. Die Fassadenmalereien aus der Renaissance und dem Barock, die offene Flurküche und das untypische, vergitterte Fenster – wahrscheinlich wurden in dem kleinen Zimmer dahinter Geld oder Waffen gelagert – zeugen vom Reichtum ehemaliger Besitzer, die jedoch nicht mehr alle bekannt sind.

Seit 140 Jahren ist das Haus im Besitz der Familie Sandrell, die dem Haus seinen Namen gab und es vor wenigen Jahren liebe- und mühevoll restaurierte. Das Bundesdenkmalamt wollte in dem denkmalgeschützten Gebäude ein Museum errichten, aber die Besitzerfamilie wollte es lieber mit Leben füllen. Ab und zu finden Veranstaltungen oder sogar Konzerte statt, den Rest des Jahres wird es als Ferienwohnung vermietet. Die getäfelte Stube aus dem 18. Jahrhundert ist noch im Original erhalten und hat mit dem Kachelofen, dem Montafonertisch im Herrgottswinkel und dem eingebauten Stubenkasten eine besondere historische Stimmung. Wenn sich hier Gäste einquartieren, müssen sie trotzdem nicht auf Komfort verzichten, denn dort, wo früher die Schweine hausten, ist heute ein modernes Bad untergebracht.

Adresse Zelfenstraße 56b, 6774 Tschagguns | ÖPNV vom Bahnhof Schruns weiter mit Bus 2a, 2b, 3, Haltestelle Tschagguns Ganzenahl oder gute 20 Minuten zu Fuß | Anfahrt auf der L 188 in Richtung Schruns bis zum Bahnübergang beim Bahnhof Tschagguns, von dort rechts über die Brücke, die nächste links und kurz vor dem Junkerweg rechts hoch | Öffnungszeiten Nur von außen zu besichtigen, außer man mietet sich ein oder fragt Renate Sandrell, ob sie sich für eine Besichtigung Zeit nimmt: renate.sandrell@gmail.com | Tipp Mit dem Flying-Fox-Golm kann man an einem 565 Meter langen Stahlseil über das Staubecken Latschau fliegen. Latschau liegt keine 10 Autominuten vom Sandrellhaus entfernt. Im Sommer täglich, in der Nebensaison am Wochenende jeweils von 10–17 Uhr geöffnet, www.golm.at

106 Das Schanzenzentrum

Sprung von der Geschichte in die Zukunft

Bereits zu Beginn des 20. Jahrhunderts gab es erste Ansätze des Skispringens im Montafon, und 1937 wurde unter Anleitung des Ingenieurs August Ohneberg die damals höchste Sprungschanze in ganz Österreich eingeweiht, die kurz darauf bereits für NS-Propaganda missbraucht wurde. Nach dem Krieg wurde die Schanze wiedereröffnet und durch die Ohnebergschanze ergänzt, sodass dort im Februar 1947 die ersten österreichischen Nachkriegsmeisterschaften sowie das erste österreichische Nachtspringen überhaupt stattfinden konnten. Eine Schwierigkeit damals war die Verpflegung, denn das Essen wurde rationiert. Auch Spitzensportler bekamen keine extra Essensmarken, weshalb zusätzliches Fleisch auf dem Schwarzmarkt besorgt werden sollte. Als das Ganze aufflog, wurde ein zwischenzeitlich Verstorbener als Täter benannt, und alle waren glücklich.

2014 merkt man glücklicherweise keinen Versorgungsmangel, wenn man auf der Terrasse des Schanzencafés sowohl Profis als auch den Nachwuchsknirpsen beim Springen zusieht. Die Anlage sieht beeindruckend aus und entspricht dem neuesten Stand der Technik. Die 22, 40, 66 und 108 Meter hohen Schanzen können sowohl im Sommer als Mattenschanzen als auch im Winter für Trainingszwecke verwendet werden, und alle vier sind für Trainer und Punkterichter von einem Punkt aus gleichzeitig zu überblicken. Auch Firmen können sich einmieten, um ihren Mitarbeitern und Mitarbeiterinnen den Absprung zu ermöglichen.

Im Mittelpunkt steht aber die Förderung des Nachwuchses. In unmittelbarer Nähe befindet sich das Schulsportzentrum, und die Skimittelschule in Schruns wurde sogar um eine nordische Gruppe erweitert. Die orangene Skulptur im Überraschungsei-Format am Fuße des Schanzenzentrums hat übrigens nichts mit dem Nachwuchs zu tun. Die Zeitkapsel enthält 20 eingeschweißte Kunstwerke, die 2044 zum 30-jährigen Jubiläum enthüllt werden sollen.

Adresse Werkweg 2, 6774 Tschagguns, www.montafon-nordic.at | ÖPNV vom Bahnhof Schruns weiter mit Bus 2a, 2b, 3, Haltestelle Tschagguns Birkenweg oder gute 20 Minuten zu Fuß | Anfahrt auf der L 188 in Richtung Schruns bis zum Bahnübergang beim Bahnhof Tschagguns, von dort rechts über die Brücke und die nächste links | Öffnungszeiten Schanze von außen ganzjährig, Café Nordic immer bei Sprungbetrieb, am besten vorher anrufen: Tel. 0664/6207933 | Tipp Das nahe gelegene Alpenbad ist ein schönes Bad mit großem Naturbadeteich sowie Sport- und Erlebnisbecken. Mitte Mai – Mitte Sept. bei Schönwetter 9 – 20 Uhr geöffnet

107 Die Douglasshütte

Basisstation am Lünersee

John Sholto Douglass, 15. Lord of Tilquhillie, wurde 1838 im vorarlbergischen Thüringen als Nachfahre schottischer Adeliger geboren. Seiner Familie gehörte eine Baumwollspinnerei und Weberei, weshalb er auch zum Fabrikbesitzer bestimmt war. Mehr als für Textilien interessierte er sich für die Natur und die römische Geschichte Vorarlbergs, zu der er sogar mehrere Werke publizierte. Als begnadeter Bergsteiger versuchte John Douglass, die Vorarlberger Sektion des Österreichischen Alpenvereins zu gründen. Die Vorarlberger traten aber lieber dem Deutschen Alpenverein bei. Daraufhin setzte er sich gemeinsam mit Gleichgesinnten erfolgreich für die Fusion der beiden Alpenvereine ein.

Das ursprünglich von den Walsern bewohnte Brandnertal war lange Zeit schwer zugänglich. Erst 1930 wurde die Straße nach Brand eröffnet. Wer die Schesaplana besteigen wollte, musste entweder in primitivsten Hütten oder im Dienstgebäude des Brandner Pfarrers Georg Tiefenthaler übernachten. Letzterer setzte sich für den Ausbau des sogenannten Bösen Tritts ein, dem damals gefürchteten Fußweg hoch zum Lünersee. Heute lässt sich dieser felsige Steig bequem mit der Seilbahn überwinden.

Unter Bemühen und nach Plänen von Douglass eröffnete 1871 der Alpenverein eine seiner ersten bewirtschafteten Alpenhütten überhaupt. Gerade rechtzeitig, denn als ein Jahr später die Rheintalbahn bis Bludenz eröffnet wurde, war es deutlich einfacher, ins Brandnertal zu gelangen. Die ursprüngliche Hütte musste einer Lawine weichen, und der regelmäßig erweiterte und modernisierte Nachbau wurde schließlich durch einen mit jedem Komfort ausgestatteten Neubau ersetzt, nachdem man den Wasserspiegel des Lünersees zu Stromgewinnungszwecken angehoben hatte. Nach Douglass wurde die Hütte erst nach seinem tödlichen Sturz von einer 300 Meter hohen Felswand benannt. Der leidenschaftliche Alpinist wurde nur 35 Jahre alt.

Adresse Lünersee, am Südende des Brandnertals (Gemeindegebiet Vandans), www.douglasshuette.at | **ÖPNV** Bus 81, Haltestelle Lünerseebahn, weiter mit gleichnamiger Bahn | **Anfahrt** A 14 bis Ausfahrt Brandnertal in Richtung Brand, Talstraße bis zum Ende folgen, vom Parkplatz mit der Lünerseebahn zum Lünersee | **Öffnungszeiten** Mitte Mai – Mitte Okt. durchgehend | **Tipp** Man kann im Lünersee Forellen und Saiblinge fischen. Tageskarten werden an der Bergstation ausgegeben und berechtigen zum Fang von bis zu 6 Fischen. obmann@illwerkefischer.at, Tel. 0664/5984726

108 Das Illwerke Zentrum Montafon

Ein Symbol der Energieautonomie

Die Nutzung der Wasserkraft in Vorarlberg begann schon 1494 im Illtal und wurde ein wichtiger Wirtschaftsfaktor für die später aufkeimende Industrie vor der Erfindung der Dampfmaschine. Betriebe rissen sich um Grundstücke in der Nähe von Fließgewässern, deren Mühlen die Maschinen antrieben.

Bereits 1901 erzeugte ein Kraftwerk in Lorüns mit Hilfe der Ill Strom. Als nach dem Ersten Weltkrieg die Kohle knapp wurde, begann man mit dem Ausbau der Wasserkraft, und es entstand ein weitverzweigtes System aus Stauseen, Stollen und Kanälen. Es wurde so viel Energie produziert, dass sie sogar in das energiehungrige Ruhrgebiet exportiert wurde. 1930 weihte man hierzu die erste Höchstspannungsleitung (220 Kilowatt) der Welt ein, die den Strom 600 Kilometer von Vorarlberg nach Köln transportierte. Während der NS-Zeit steigerten die Illwerke ihre Stromerzeugung deutlich, was auf den Aus- und Neubau von Anlagen zurückgeht. In dieser Zeit wurden Kriegsgefangene und Zwangsarbeiter unter unmenschlichen Bedingungen beschäftigt.

Nach dem Krieg ging der Ausbau weiter, und inzwischen hat man sich in Vorarlberg die Energieautonomie zum Ziel gemacht. Bereits 80 Prozent des heimischen Stroms entsteht durch Wasserkraft, unter anderem durch 153 Kleinkraftwerke.

Kleine Schritte führen schließlich auch zum Ziel, weshalb das neue zentrale Bürogebäude der Illwerke nach höchsten Energieeffizienzkriterien errichtet wurde. Die Holzkonstruktion auf dem Betonsockel wurde in nur sechs Wochen und großteils aus Vorarlberger Holz errichtet. Das Gebäude ist nicht nur eines der größten CO_2-neutralen Holzhybridhäuser der Welt, auch das Wohlbefinden der Mitarbeiter steht im Mittelpunkt. Und sollte der Bau einmal sein Lebensende erreicht haben, lässt er sich schnell und umweltgerecht entsorgen.

Adresse Anton-Ammann-Straße 12, 6773 Vandans | **ÖPNV** vom Bahnhof Kaltenbrunnen knappe 500 Meter zu Fuß | **Anfahrt** auf der L 188 in Richtung Schruns, in Bartholomäberg-Gantschier kurz nach der JUFA rechts abbiegen, Illwerke-Rodund ist ausgeschildert | **Öffnungszeiten** nur das Foyer ist öffentlich zugänglich, für Gruppen ab 10 Personen werden kostenlose Führungen angeboten (besichtigung@illwerkevkw.at, Tel. 05556/70183495) | **Tipp** Ein ursprünglich für den Materialtransport errichteter Schrägaufzug der Illwerke war der Ausgangspunkt für die heutigen Seilbahnen auf den Golm. Wintersportler freuen sich über die ehemaligen Ski-Weltcup-Abfahrten, Wanderer genießen das herrliche Wandergebiet im Sommer.

109 Der Doppelmayr-Zoo

Die Tiersammlung des Seilbahnpioniers

Der heutige Weltmarktführer im Seilbahnbereich wurde 1893 an diesem Standort im Ortsteil Rickenbach gegründet und stellte bis in die 1930er Jahre Äxte und Weinpressen her. 1937 wurde gemeinsam mit dem Vorarlberger Skipionier und Erfinder Sepp Bildstein in Zürs der erste Schlepplift Österreichs eröffnet. Kurz danach folgte die dunkelste Zeit, und man produzierte als Lieferant der Zahnradfabrik Friedrichshafen und als NS-Wehrwirtschaftsbetrieb Panzerteile. Nach dem Krieg setzte man die Herstellung von Skiliften fort, und unter Arthur Doppelmayr begannen die Weiterentwicklung der Seilbahntechnik und die Expansion.

Als geschätzter Geschäftspartner ist es gut möglich, dass man das eine oder andere Gastgeschenk erhält, wenn ein Auftrag zustande kommt. Und als ausgesprochener Tierliebhaber freute sich Arthur Doppelmayr über seltene Vögel und Waschbären. Die Tiere wurden nach Rickenbach gebracht und dort in Gehegen und Volieren gehalten und gepflegt. Das war 1963 die Geburtsstunde des Doppelmayr-Zoos. Heute ist der größte private Zoo Vorarlbergs vor allem bei Familien sehr beliebt. Er ist barrierefrei und sogar kostenfrei zugänglich. Vier bei Doppelmayr angestellte Tierpflegerinnen und Tierpfleger kümmern sich um das Wohl der Tiere. Aber auch erfolgreiche Züchtungen hat der Zoo zu vermelden. Vor allem im Frühjahr erblicken immer wieder Jungtiere das Licht der Welt. Da der schön angelegte Park das gesamte Jahr geöffnet ist, erlebt man die Natur im Rhythmus der Jahreszeiten und gibt sich mit Hängebauchschweinen, Steppenzebras, Kängurus und Schnee-eulen ein Stelldichein.

Aber das wird leider nicht mehr lange möglich sein, denn Doppelmayr verlegt seine Hauptverwaltung in die Nähe des Güterbahnhofes und möchte die Tiere nicht in das Industriegebiet mitnehmen. Bis 2025 findet sich aber vielleicht eine Lösung für die Weiterführung des beliebten Zoos.

Adresse Kellaweg, 6922 Wolfurt | **ÖPNV** Bus 20, 21, 35, Haltestelle Wolfurt Rickenbach, Bus 20, 21, 45, Haltestelle Wolfurt Bildsteinerstraße, jeweils 5–10 Gehminuten zum Zoo | **Anfahrt** von Schwarzach oder Wolfurt-Zentrum der Ausschilderung nach Bildstein folgen, der Zoo beginnt links am Anfang des Anstieges | **Öffnungszeiten** immer geöffnet | **Tipp** Die Eisdiele Kolibri in der Kreuzstraße 7 war Siegerin der »Gelato World Tour Berlin« 2017 und ist somit nicht nur subjektiv eine der besten Eisdielen der Welt. www.eismanufaktur-kolibri.at

110__Der Mädchenturm

Moderne Architektur für drei Burgfräulein

Es war einmal vor kurzer Zeit in Dafins im Hause der Familie Marte. Als das sechste Mädchen zur Welt kam, wurde das Haus für die Familie zu klein. Es waren aber nicht die Gebrüder Grimm, welche die Mädchen aus beengten Verhältnissen retteten, sondern die Gebrüder Marte. Sie sind keine Märchenerzähler, sondern Architekten. Wobei die Architektur häufig auch eine Geschichte mit einer lebendigen Bildsprache erzählt.

Diese Geschichte beginnt in Dafins, einem kleinen Örtchen oberhalb von Zwischenwasser, in das nur eine einzige, serpentinenreiche Straße führt. Mit etwas Phantasie kann man sich die Anfahrt durch den Wald als verwunschen-märchenhaften Weg vorstellen. Fährt man durch das Ortszentrum weiter hinauf, sticht einem in einer Rechtskurve ein metallischer Kubus ins Auge. Das ist der Mädchenturm. Die Fassade besteht aus großformatigen Cortenstahlplatten, die nach außen verwittern und nach innen den Holzbau schützen. Durch eine fast unsichtbare Tür kann man sich Eintritt verschaffen.

Gegenüber befindet sich das ursprüngliche Wohngebäude der Familie Marte. Es gilt architektonisch als in sich abgeschlossen, weshalb eine Erweiterung nur als eigenständiger Anbau sinnvoll war. In der vierjährigen Planungszeit wurden mehrere Ideen verworfen, wie etwa ein Hobbitdorf oder ein Glashaus, bis schlussendlich drei kubusartige Kinderzimmer übereinandergestapelt einen Turm ergaben. So roh und rau die Fassade wirkt, so weich und warm sind die Zimmer ausgestattet, die alle per Wendeltreppe zu erreichen sind. Es muss also keines der Mädchen das Haar herunterlassen. Über den Sockel mit Küche und Aufenthaltsraum ist der Mädchenturm mit dem Haupthaus verbunden. Beide Gebäude bilden – trotz unterschiedlicher Materialien – ein Ensemble aus einem liegenden und einem stehenden Baukörper. Dazwischen eingebettet liegt der Innenhof mit Pool und einem märchenhaften Ausblick.

Adresse Oberberg 18, 6835 Dafins | ÖPNV mit dem Bus 59 von Feldkirch oder Götzis nach Röthis Rössle, umsteigen auf Bus 64 bis Dafins Mitdafinerhus oder Dafins Höfle, der Mädchenturm liegt zwischen den beiden Haltestellen | Anfahrt auf der A 14 oder L 190 bis Klaus und weiter nach Röthis, von dort der Beschilderung nach Dafins folgen, Auto im Ortszentrum abstellen und zu Fuß weiter | Öffnungszeiten nur von außen zu besichtigen | Tipp In der Nudeltenne im Unterberg 54 sind hausgemachte Nudeln erhältlich. www.nudeltenne.at

111_ Rueff Textil

Hundertwasser in Zwischenwasser

Die im österreichischen Gemeindealphabet zuunterst und in der Energieeffizienz zuoberst stehende Gemeinde besteht aus den drei Orten Muntlix, Dafins und Batschuns, von denen keiner wie die Gemeinde selbst heißt. Der Name Zwischenwasser rührt von der Lage zwischen den beiden Flüssen Frutz und Frödisch. Seit 1988 besitzt Muntlix ein außergewöhnliches und in Vorarlberg einzigartiges Wahrzeichen, das durch eine besondere Begegnung eines (fast) Namensvetters entstand.

Eines Tages stand der Künstler Friedensreich Regentag Dunkelbunt Hundertwasser vor der Tür der Rueff-Fabrik. Er hatte eine neue Flagge für seine zweite Heimat Neuseeland entworfen und war auf der Suche nach einer Textildruckerei, die ihm »ein vibrierendes Grün im Halbschatten, das nicht zu flach ist«, drucken konnte. Der Künstler und Umweltliebhaber suchte lange vergeblich nach einer Druckerei, die nicht durch seine Farbvorgabe überfordert war. In Muntlix wurde er fündig und war mit dem Geschäftsführer der Textildruckerei sofort auf einer Wellenlänge.

Es gab bloß ein großes Problem. Hundertwasser war der Überzeugung, dass nur in einer schönen Fabrik schöne Produkte entstehen können, und die Rueff-Fabrik war ausgesprochen hässlich. Deshalb ließen sich die beiden Herren auf einen Handel ein. Rueff Textil druckt unentgeltlich 10.000 Neuseelandfahnen, dafür verwandelt Hundertwasser das »schiache« Betongebäude in eine Kunstfabrik.

Dabei bediente sich Hundertwasser seines reichhaltigen Repertoires an phantasievollen Farben, krummen Formen und ungewöhnlichen Materialien. Mit bewusstem Verzicht auf gerade Linien wurde die hässliche Betonfassade mit glasierten Ziegeln, Stein, Keramik und emailliertem Glas dekoriert. Auf das Flachdach wurden zwei goldene Zwiebeltürme gesetzt und 200 Bäume in, 100 um die Fabrik gepflanzt. Als Zugabe wurden in Muntlix auch alle Straßenschilder und Hausnummern von ihm neu gestaltet.

Adresse Rueff Textil, An der Frutz 1, 6835 Zwischenwasser, www.rueff.at | **ÖPNV** vom Bahnhof Rankweil mit Bus 60, 65, Haltestelle Muntlix Arken | **Anfahrt** Autobahn A 14 bei Feldkirch Nord verlassen, Richtung Rankweil fahren und nach dem Ortszentrum in Richtung Zwischenwasser/Laterns abbiegen, dann gleich nach der Brücke links in Richtung Muntlix abbiegen | **Öffnungszeiten** von außen jederzeit zu besichtigen, Führungen durch das Innere sind jedoch nur vorangemeldeten Gruppen vorbehalten: Tel. 05522/49230 | **Tipp** Im Zentrum der Nachbargemeinde Rankweil befindet sich der Liebfrauenberg. Dort, wo heute die Basilika steht, war früher eine Kirchenburg.

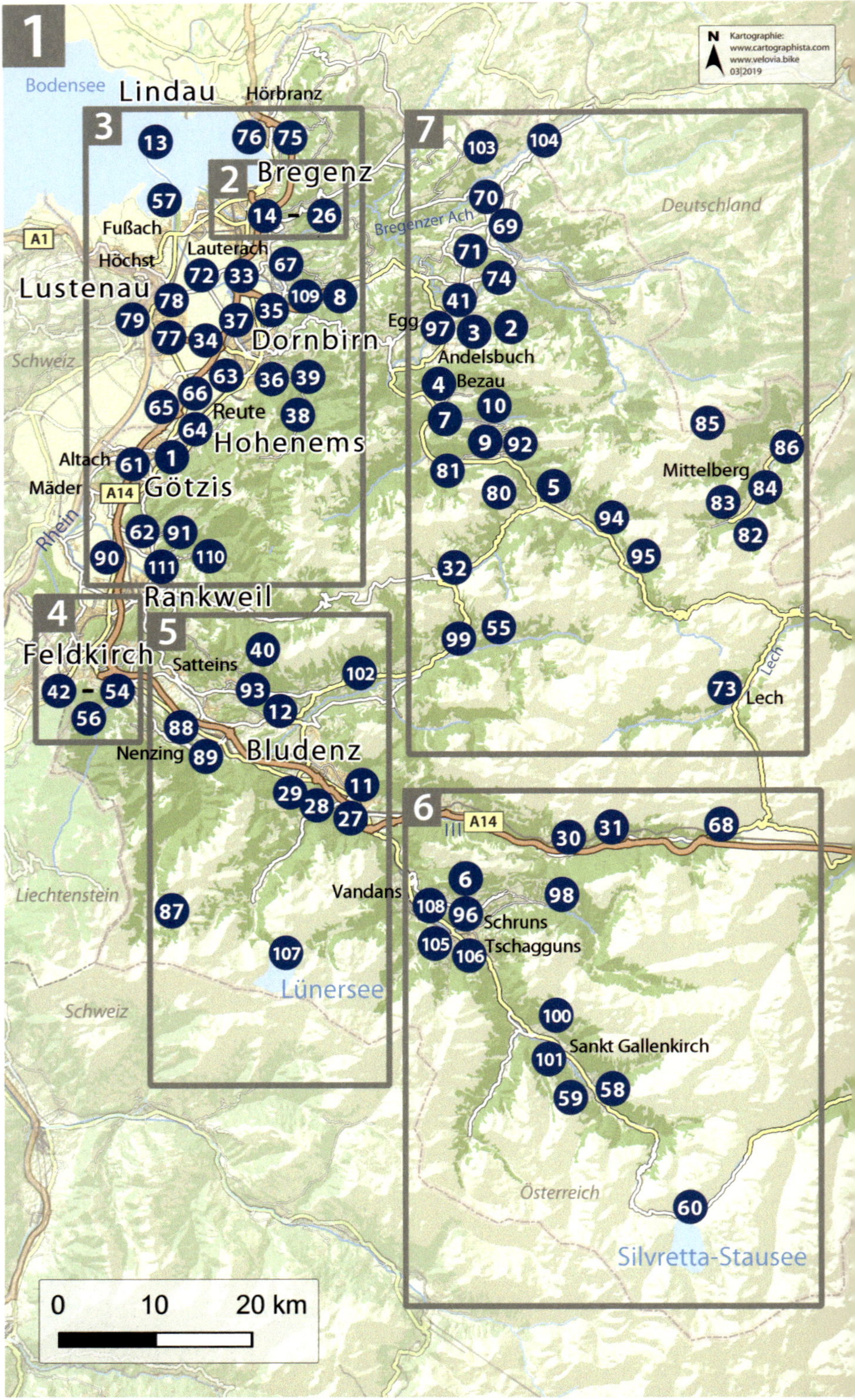
1
Kartographie:
www.cartographista.com
www.velovia.bike
03|2019
N
Bodensee
Lindau
Hörbranz
Bregenz
Bregenzer Ach
Deutschland
Fußach
Höchst
Lauterach
Lustenau
Dornbirn
Egg
Andelsbuch
Bezau
Schweiz
Reute
Hohenems
Altach
Mäder
Götzis
Rhein
A1
A14
Rankweil
Feldkirch
Satteins
Nenzing
Bludenz
Vandans
Schruns
Tschagguns
Sankt Gallenkirch
Liechtenstein
Lünersee
Mittelberg
Lech
Österreich
Silvretta-Stausee
0 10 20 km
1 2 3 4 5 6 7
13 76 75 57 14 – 26 72 33 67 109 8 78 79 35 37 77 34 63 36 39 66 65 38 64 61 1 62 91 90 111 110
42 – 54 56 40 93 12 102 88 89 11 29 28 27 87 107
103 104 70 69 71 74 41 97 3 2 4 10 7 9 92 81 80 5 85 86 84 83 82 94 95 32 99 55 73
30 31 68 6 98 108 96 105 106 100 101 59 58 60

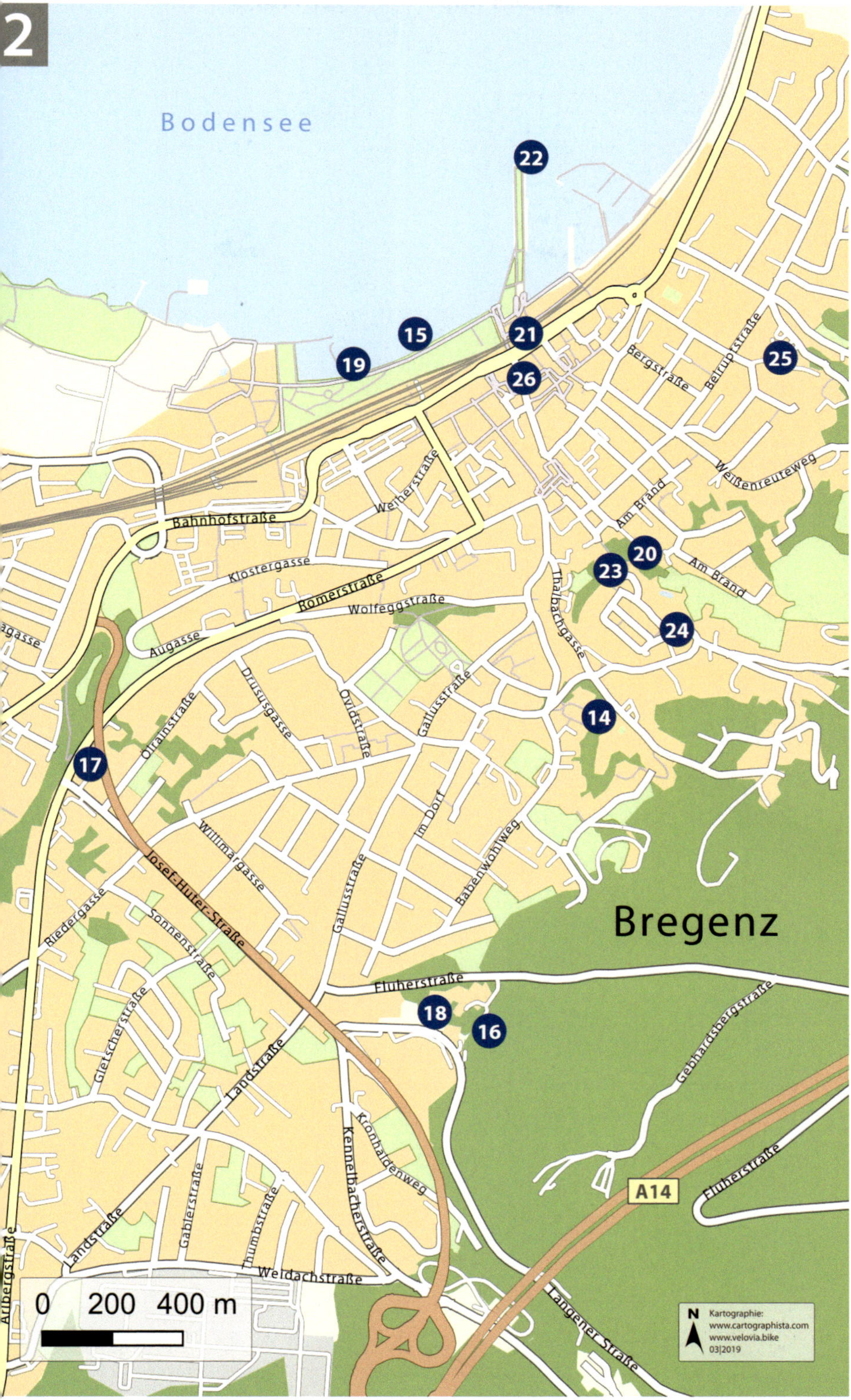
Bodensee
Bregenz
22
15
21
19
26
25
20
23
24
14
17
18
16
Bahnhofstraße
Weiherstraße
Klostergasse
Römerstraße
Wolfeggstraße
Augasse
Bergstraße
Belrupstraße
Weißenreuteweg
Am Brand
Thalbachgasse
Drususgasse
Ovidstraße
Gallusstraße
Olrainstraße
Willimargasse
Im Dorf
Babenwohlweg
Josef-Huter-Straße
Riedergasse
Sonnenstraße
Gletscherstraße
Fluherstraße
Gebhardsbergstraße
Landstraße
Kronhaldenweg
Kennelbacherstraße
Gablerstraße
Thumbstraße
Weidachstraße
Arlbergstraße
A14
Langener Straße
0 200 400 m
N
Kartographie:
www.cartographista.com
www.velovia.bike
03|2019

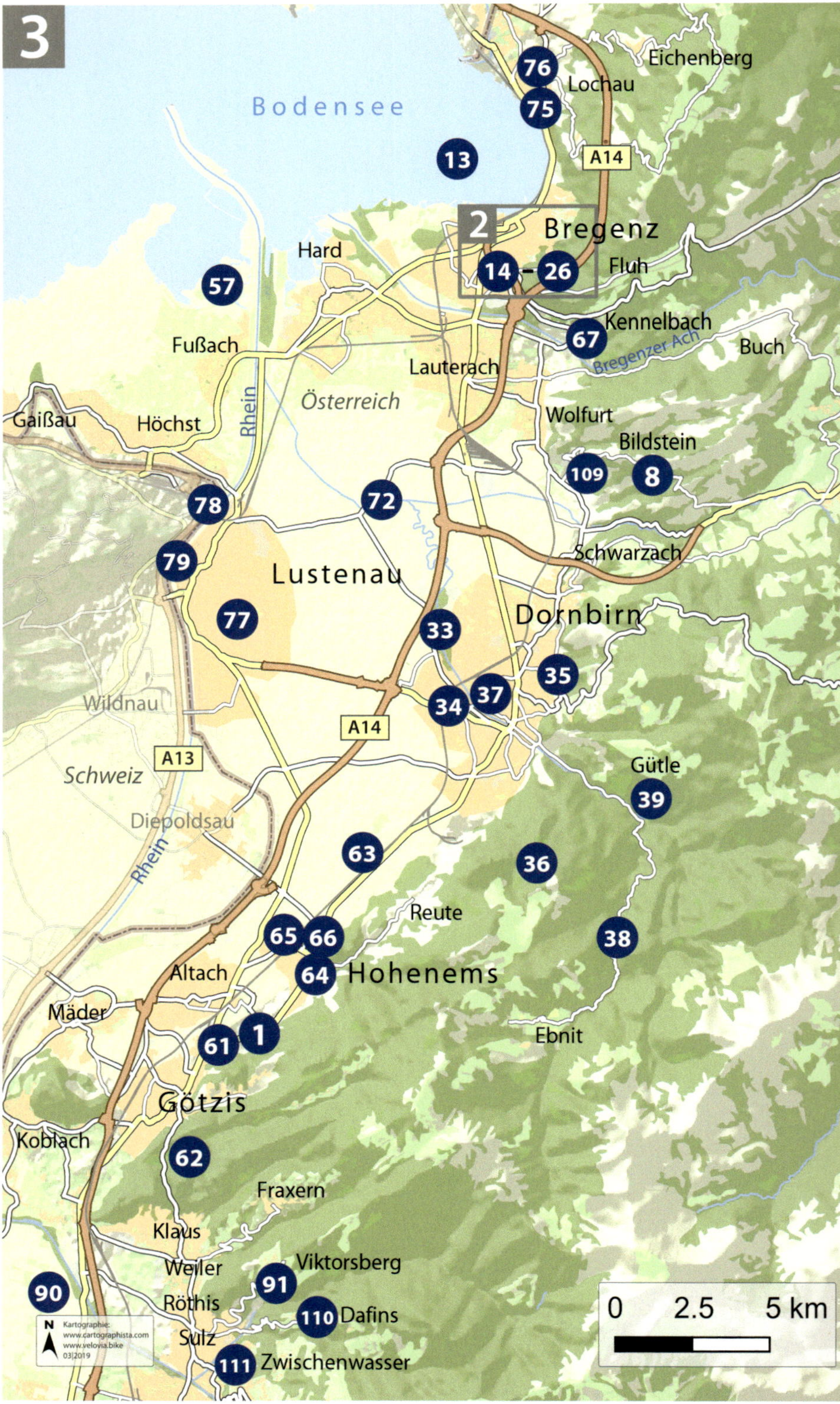

3
Bodensee
Eichenberg
Lochau
A14
2
Bregenz
Fluh
Hard
Kennelbach
Buch
Bregenzer Ach
Fußach
Lauterach
Österreich
Rhein
Gaißau
Höchst
Wolfurt
Bildstein
Schwarzach
Lustenau
Dornbirn
Wildnau
A13
Schweiz
Diepoldsau
Rhein
Gütle
Reute
Altach
Hohenems
Mäder
Ebnit
Götzis
Koblach
Fraxern
Klaus
Weiler
Viktorsberg
Röthis
Dafins
Sulz
Zwischenwasser
0 2.5 5 km
N
Kartographie:
www.cartographista.com
www.velovia.bike
03|2019
76 75 13 14 – 26 57 67 109 8 72 78 79 77 33 35 37 34 39 63 36 65 66 38 64 1 61 62 91 110 90 111

4

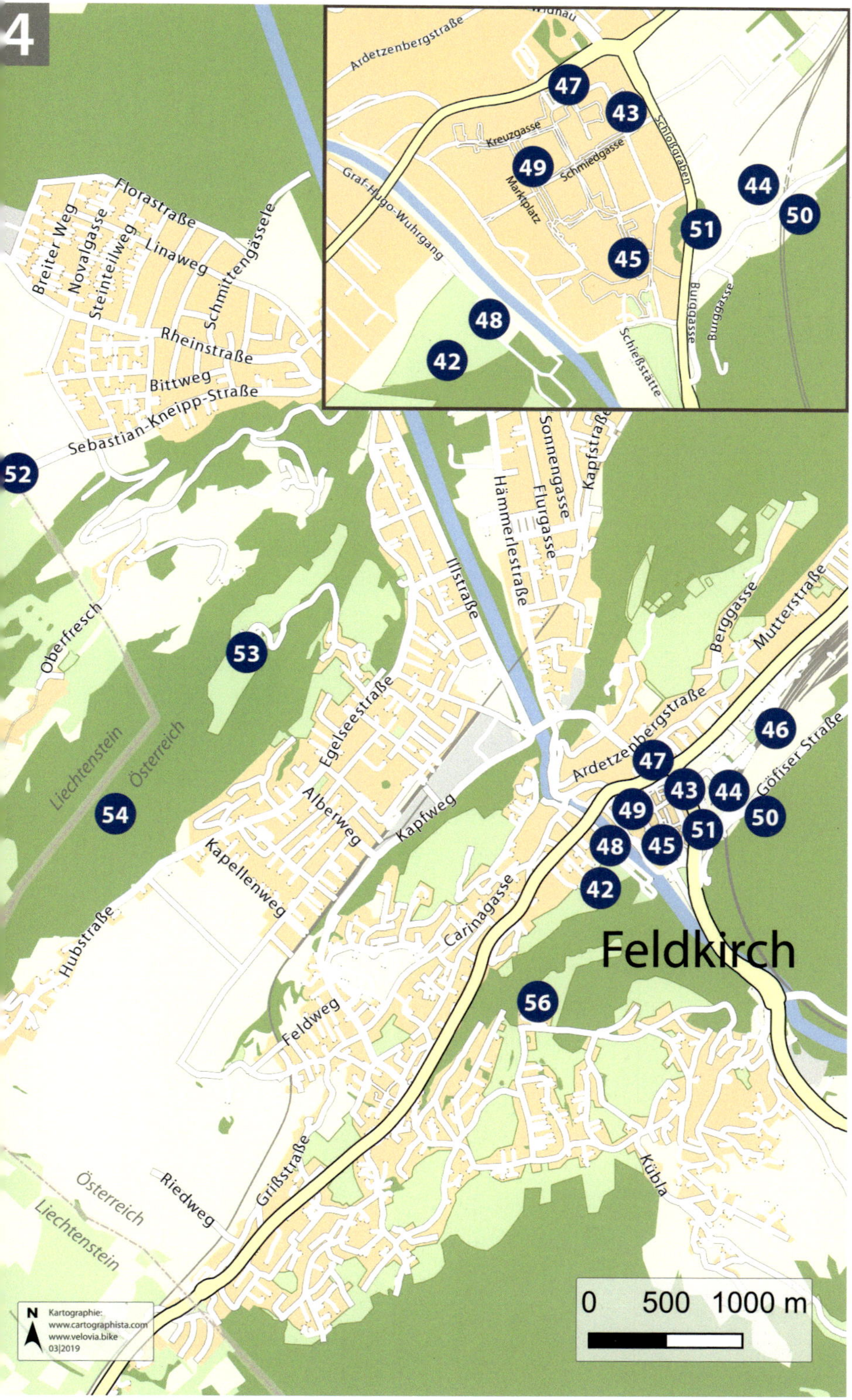
Ardetzenbergstraße
47
43
Kreuzgasse
Schmiedgasse
49
Marktplatz
Schloßgraben
Graf-Hugo-Wuhrgang
44
50
51
45
Burggasse
Burggasse
48
42
Schießstätte
Florastraße
Breiter Weg
Novalgasse
Steinteilweg
Linaweg
Schmittengässele
Rheinstraße
Bittweg
Sebastian-Kneipp-Straße
52
Sonnengasse
Kapfstraße
Hämmerlestraße
Flurgasse
Illstraße
Oberfresch
53
Egelseestraße
Berggasse
Mutterstraße
Ardetzenbergstraße
46
Göfiser Straße
Liechtenstein
Österreich
54
Alberweg
Kapfweg
Kapellenweg
Carinagasse
Hubstraße
Feldkirch
56
Feldweg
Grißstraße
Kübla
Riedweg
Österreich
Liechtenstein
0
500
1000 m
N
Kartographie:
www.cartographista.com
www.velovia.bike
03|2019

5
Übersaxen
40
Satteins
Dünserberg
Düns
Sankt Gerold
102
Blons
Frastanz
Röns
Raggal
Schnifis
93
Meiern
Mittelberg
Schlins
12
Thüringen
Gampelün
Bludesch
Ludescherberg
88
Ludesch
Latz
Beschling
Gurtis
89
A14
Nenzing
Nüziders
11
29
27
Bluden
Bürs
Rungel
28
Bürserberg
Brunnenfeld
Nenzinger Himmel
87
107
Lünersee
0
2.5
5 km
N
Kartographie:
www.cartographista.com
www.velovia.bike
03|2019

6

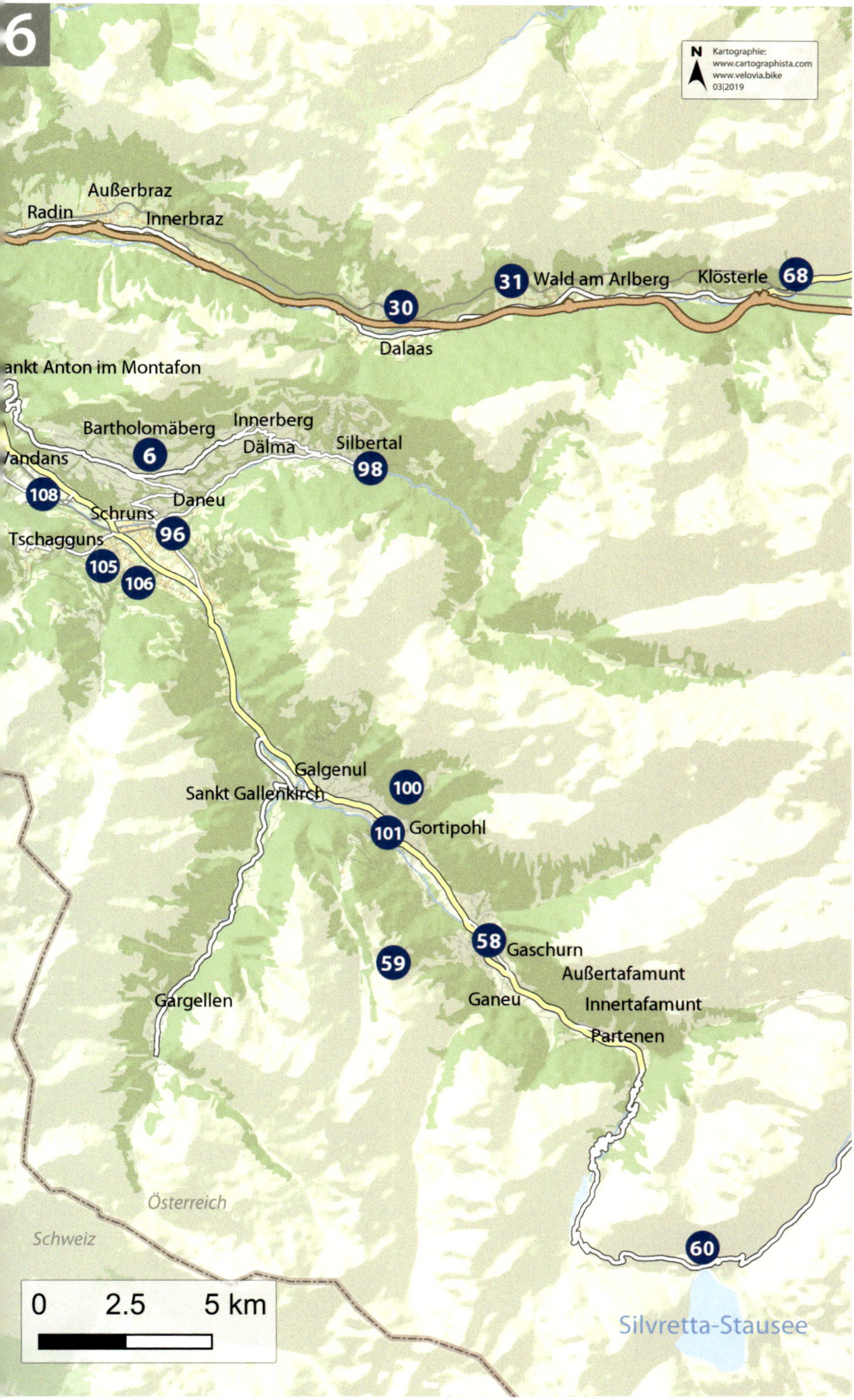
Kartographie:
www.cartographista.com
www.velovia.bike
03|2019
N
Außerbraz
Radin
Innerbraz
31
Wald am Arlberg
Klösterle
68
30
Dalaas
ankt Anton im Montafon
Bartholomäberg
Innerberg
Dälma
Silbertal
6
98
andans
108
Daneu
Schruns
96
Tschagguns
105
106
Galgenul
100
Sankt Gallenkirch
101
Gortipohl
58
Gaschurn
59
Außertafamunt
Ganeu
Innertafamunt
Gargellen
Partenen
Österreich
Schweiz
60
0
2.5
5 km
Silvretta-Stausee

7

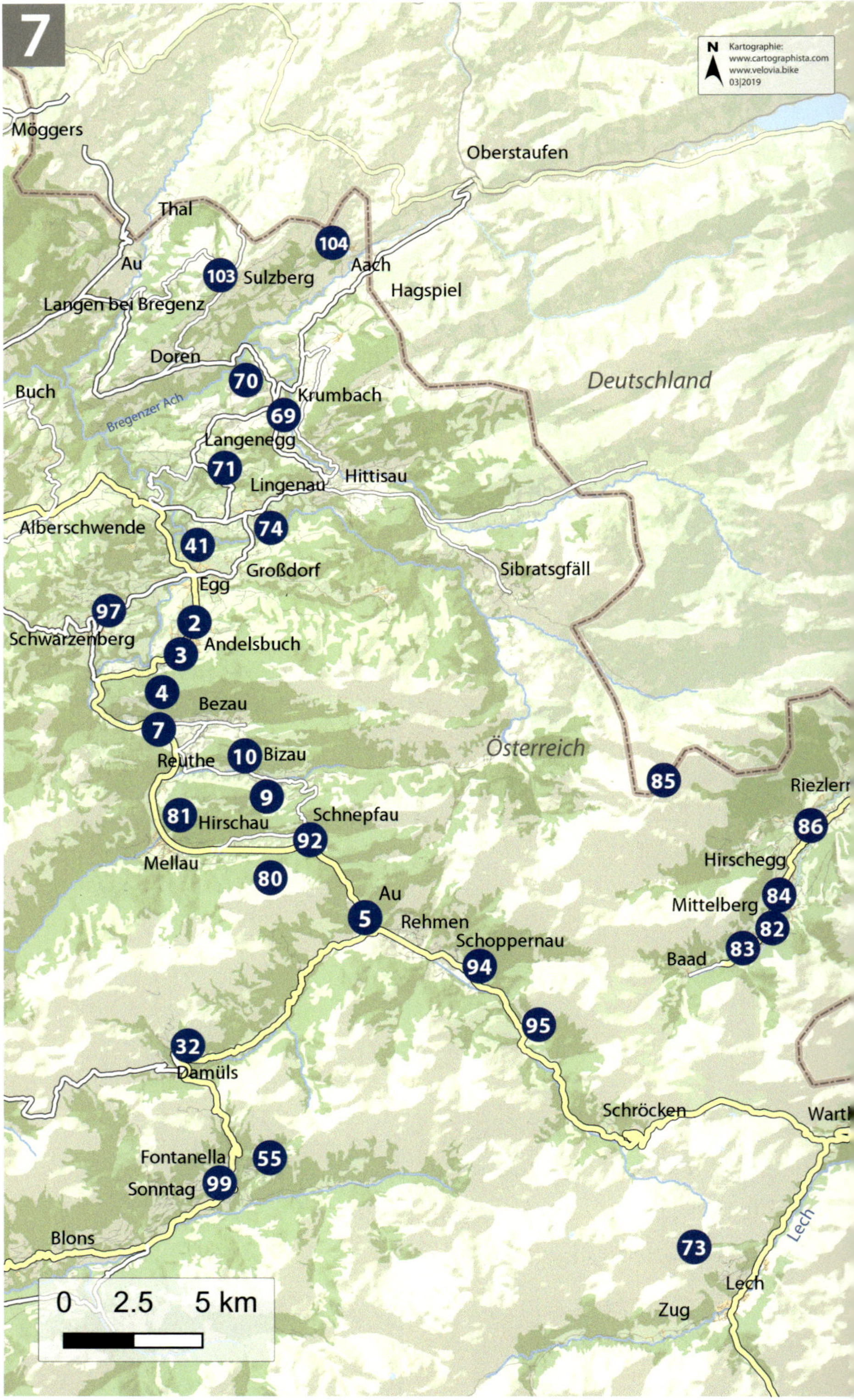

N
Kartographie:
www.cartographista.com
www.velovia.bike
03|2019
Möggers
Oberstaufen
Thal
104
Au
103
Sulzberg
Aach
Hagspiel
Langen bei Bregenz
Doren
70
Deutschland
Buch
Krumbach
Bregenzer Ach
69
Langenegg
71
Hittisau
Lingenau
Alberschwende
74
41
Großdorf
Sibratsgfäll
Egg
97
2
Schwarzenberg
3
Andelsbuch
4
Bezau
7
Österreich
Reuthe
10
Bizau
85
9
Riezlern
81
Hirschau
Schnepfau
86
92
Mellau
Hirschegg
80
Au
84
5
Mittelberg
Rehmen
82
Schoppernau
83
Baad
94
95
32
Damüls
Schröcken
Warth
Fontanella
55
Sonntag
99
Lech
Blons
73
Lech
Zug
0
2.5
5 km

Monika Schmitz
111 Orte im Lungau, die man gesehen haben muss
ISBN 978-3-7408-0573-9

Erwin Uhrmann,
Johanna Uhrmann
111 Orte in der Wachau, die man gesehen haben muss
ISBN 978-3-7408-0565-4

Robert Preis, Niki Schreinlechner
111 schaurige Orte in der Steiermark, die man gesehen haben muss
ISBN 978-3-7408-0445-9

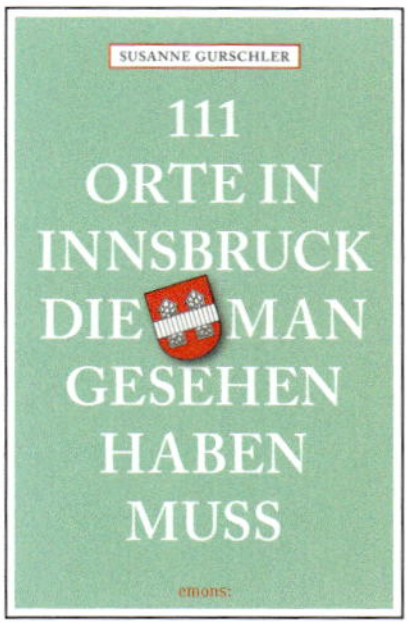

Susanne Gurschler
111 Orte in Innsbruck, die man gesehen haben muss
ISBN 978-3-7408-0343-8

Sabine M. Gruber
111 Orte der Musik in Wien, die man erlebt haben muss
ISBN 978-3-7408-0348-3

Erwin Uhrmann,
Johanna Uhrmann
111 Orte im Waldviertel, die man gesehen haben muss
ISBN 978-3-7408-0346-9

Lust auf mehr? Laden Sie sich die »LChoice«-App runter, scannen Sie den QR-Code und bestellen Sie weitere Bücher direkt in Ihrer Buchhandlung.

LChoice
Hier bestellen

Der Autor

Kristof Halasz, 20 Jahre in Bregenz aufgewachsen und dort auch 1988 geboren. Seitdem 15-mal umgezogen. Er hat in einer Ideenfabrik gearbeitet, spielt Bratsche, interessiert sich für Sprachen und Kochen, begleitet europaweit als Reiseleiter neugierige Menschen und ist Berater für Fahrradtourismus (www.velovia.bike). »111 Orte in Vorarlberg« ist sein Erstlingswerk, das er seinem Hoamatle widmet.